일상에서
만나는
예 수 님

일상에서 만나는 예수님

발행일   2016년 01월 08일

지은이   오 승 재
펴낸이   손 형 국
펴낸곳   (주)북랩
편집인   선일영   편집   김향인, 서대종, 권유선, 김성신
디자인   이현수, 신혜림, 윤미리내, 임혜수   제작   박기성, 황동현, 구성우
마케팅   김회란, 박진관, 김아름
출판등록 2004. 12. 1(제2012-000051호)
주소   서울시 금천구 가산디지털 1로 168, 우림라이온스밸리 B동 B113, 114호
홈페이지   www.book.co.kr
전화번호   (02)2026-5777   팩스   (02)2026-5747

ISBN   979-11-5585-869-1 03230 (종이책)   979-11-5585-870-7 05230 (전자책)

성공한 사람들은 예외없이 기개가 남다르다고 합니다.
어려움에도 꺾이지 않았던 당신의 의기를 책에 담아보지 않으시렵니까?
책으로 펴내고 싶은 원고를 메일(book@book.co.kr)로 보내주세요.
성공출판의 파트너 북랩이 함께하겠습니다.

에세이
말씀 산책 **9**

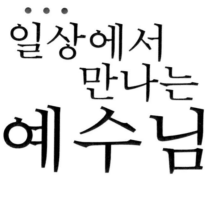

일상에서
만나는
예수님

오
승
재

지음

북랩 book Lab

추천의 말씀

이중수 목사

 글은 음식과 같습니다. 맛있는 음식이 있고 맛없는 음식이 있습니다. 맛있던 음식이 맛이 없어지기도 합니다. 그래서 잘 다니던 식당에 발을 끊습니다. 맛을 유지하기란 쉽지 않습니다. 이번에도 오승재 장로님의 새 묵상집을 추천합니다. 원래의 맛이 그대로 살아 있기 때문입니다.

 저는 본 묵상집이 어린아이의 글이라고 말하고 싶습니다. 유치하다는 뜻이 아니고 순수하다는 뜻입니다. 예수님은 제자들에게 어린아이와 같이 되지 않으면 하나님 나라에 들어가지 못한다고 하셨습니다. 저자는 솔직하게 자신의 약점과 허물을 간증합니다. 체면 가리고 이리저리 재고 하면, 처세는 될지 몰라도 성숙한 모습은 아닙니다. 사실 어린아이와 같이 되는 것이 성숙입니다. 모양새를 좋게

---

* 이중수 목사는 1980년대 초부터 강해서를 집필하여 성경강해의 진면목을 알리는 데 기여하였다. 그는 한국성서유니온의 창립이사를 역임했으며 영국의 Capernwray 신학교와 London Bible College를 졸업했다. 현재는 플로리다 올랜도 새길 교회의 담임 목사이며 월간 강해지인 〈양들의 식탁〉 발행자이다.

저서로는 「헌금 이야기」, 「슬픔이 변하여 춤으로」, 「주기도문」, 「여호와 이레」, 「갱신된 교회의 모델」 등이 있으며, 역서로는 「구원의 핵심」, 「복음의 핵심」, 「주님은 나의 최고봉」 등이 있다.

한답시고 경건한 척하거나 세상 지식으로 포장한다면 자라지 못한 어른이라는 뜻입니다. 어린아이처럼 되라는 주님의 말씀은 거짓이나 위선이 없이 있는 그대로 진리를 받고 하나님을 신뢰하며 살라는 뜻입니다.

글도 삶의 일부분입니다. 설익은 어른의 글이 있고 진솔한 어린아이의 글이 있습니다. 오승재 장로님의 묵상집은 복잡하고 무거운 글이 아니고 동요와 같습니다. 동요는 어린아이의 마음으로 쓰는 글입니다. 부패하고 불순한 세상에서는 어른들의 드라마보다 어린아이의 동요가 더 낫다고 생각합니다.

본 묵상집을 읽으면서 저는 이 글이 교회갱신에 대한 교훈을 담고 있다고 느꼈습니다. 교회가 갱신되어야 한다는 말은 오래전부터 있었습니다. 하나님을 두려워하지 않는 목회자들과 교인들이 너무 많아서 교회를 전체적으로 보면 낙심하게 됩니다. 그러나 여기저기에서 반딧불처럼 반짝이는 빛이 있습니다. 어려운 신학 사상을 논의하고 난해한 말로 성경 본문을 해석하기 때문에 빛이 되는 것이 아닙니다. 빛은 자신이 먼저 밝아야 합니다. 교회 갱신에 대한 목소리가 높은 때입니다. 그런데 들어보면 남보고 그렇게 하라는 주문입니다. 알아주는 학적 배경과 훌륭하게 보이는 교회 경력을 등에 업고 나와서 하는 말들이기에 '자신들은 갱신되었느냐?'고 감히 물을 수 없습니다.

그러나 누구든지 교회가 새로워지기를 바란다면 자기부터 갱신해야 합니다. 자신의 삶은 위선적이고 부끄러운 곳이 적지 않은데, 남보고 고쳐야 한다고 말하는 것은 어른 행세를 하겠다는 뜻입니다. 교회는 반드시 갱신되어야 합니다. 그런데 그것은 세미나로 해결될 문제도 아니고 구호로 달성될 수도 없습니다. 학위로도 안 되고 구태의연한 도덕 설교로도 되지 않습니다. 어쩌면 그 길은 단순하고 간단한 것인지 모릅니다. 그 길은 나부터 복음의 진리를 따라 사는 것입니다. 그리고 다른 사람들과 「일상에서 만나는 예수님」을 나누면 될 줄 압니다. 일상에서 일어나는 일을 통해 주님의 음성을 듣고 복음의 진리가 내 속에 살아서 나의 삶으로 표현되는지 날마다 반성해 본다면 교회는 새로워질 것입니다. 오승재 장로님은 일상의 작은 이야기 속에서 성경의 교훈을 한 가닥씩 뽑아내어 작은 반딧불처럼 비춰줍니다.

　　『일상에서 만나는 예수님』은 졸졸 흐르는 시냇물처럼 우리들의 메마른 심령을 적셔 줍니다. 그런데 그 시냇물 소리는 많은 아픔과 깊은 신음을 거친 것입니다. 시냇물 아래에는 자갈이 있기 마련입니다. 큰 돌도 있고 작은 돌도 있습니다. 돌들은 물이 지나갈 때마다 몸에 상처를 내고 가는 길을 막습니다. 이처럼 저자는 노년이 되기까지 크고 작은 많은 돌로 인해 고통을 받으며 교훈을 받았습니다. 그래서 본서는 저자의 묵상에서 다시 독자의 묵상으로 이어지게 하기에 교회와 자기 갱신의 한 등불이 된다고 믿습니다. 무엇이 된 줄로 여기는 못된 어른이 되기보다 아무것도 모르는 순진한 어린아이가 되어 동요를 즐기며 주님을 섬기면 좋겠습니다. 못된 어른도 동요를 즐길 수 있다면, 어린아이의 맑은 영혼을 본받게 될 것입니다. 신앙적으로 어린아이처럼 되는 것과 성숙한 어른이 되는 것은 동일 선상에 있는 다른 이름일 뿐입니다. 「일상에서 만나는 예수님」이 우리들의 구겨진 신앙생활을 펴주는 데 일조가 되기를 기원합니다.

머리말

요즘처럼 교회에 다니며 기독교인으로 산다는 것이 힘든 때가 없는 것 같습니다. 1970년대만 하더라도 부흥회가 있다면 사람들이 구름 떼처럼 모여들어 말씀을 듣고 회심하여 예수를 영접하고 기쁨으로 교회생활을 하는 사람이 많았는데 지금은 다른 사람의 권유에 못 이겨 교회에 나와 주는 사람이 많아 자기가 옳다고 생각하는 대로 행하지 않으면 서로 싸워서 시끄럽고 뜻에 맞지 않는다고 교회에 상처를 주고 떠나는 사람이 많아, 이곳이 교회인지 속된 세상의 단체들이 모이는 곳인지 알 수가 없어졌습니다.

언행이 일치하지 않은 목사의 설교를 들을 수 없다, 정치를 일삼는 장로들의 잘난 체하는 모습이 보기 싫다, 가정사는 뒤로 두고 소리 높이 외치고 울며 기도하는 맹신자들이 자기처럼 믿지 않는다고 남을 비난하는 모습이 싫다…. 이렇게 해서 교회를 떠나는 사람이 많은 것을 보면서 목사님을 존경하며 모여 함께 기쁘게 신앙생활을 하는 교회가 있다면 그곳을 찾아 저도 떠났으면 좋겠다는 생각을 합니다.

하늘나라를 소망하며 사는 성도들이 하나님의 다스림을 받고 그분의 백성들이 되어 자기를 죽이고 그분의 주권에 순종하며 매일 하늘나라를 체험하며 살 수는 없는 것일까? 그러나 지금은 자기가 살아 있고 물질주의, 성공주의, 세속주의, 기복사상 등이 판을 치는 때가 되었습니다. 예수 그리스도와 십자가에 죽으심과 부활을 보여 주는 것이 아니고 말로만 너무 많이 교회를 선전하였습니다. 그래서 지금은 말로 하는 전도를 그만두어야 합니다. 몸으로, 행위로, 기독교인의 열매로 말없이 전할 때입니다. 교회가 모이는 인원과 헌금액을 자랑하며 언론과 권력을 장악하는 고리를 과감히 끊어야 합니다. 신도들을 현혹해서 교주가 되는 짓도 그만두어야 합니다.

하늘나라는 허황한 곳에 있는 것이 아닙니다. 하나님께서 맡겨 주신 은사대로 가정에 충실하며 사회에서 자기가 맡은 일에 충성해야 합니다. 열심히 땅을 파고 일하고 있으면 감춰진 하늘나라의 보화를 찾을 수 있을 것입니다. 그 보화를 발견하고 "유레카!"라고 말하며 자랑하는 평신도가 되어야 한다고 생각합니다.

저는 "가나안(안 나가)" 성도가 많아진 이때 그분들이 그리스도의 몸인 좋고 온전한 교회를 찾을 수 있기를 바랍니다. "일단 하나님의 계시의 빛을 받고 하늘의 선물을 맛보고 성령을 체험하며 하나님의 좋은 말씀과 내세의 능력을 맛본 사람(히6:4,5)"이 타락하여 회개할 길이 없게 되기를 원하지 않습니다. 그들에게 나는 말씀으로 돌아가 일상에서 예수 그리스도를 만나는 일이 있기를 기원합니다.

제가 출판할 때마다 추천사를 써주신 이 중수 목사님께 감사를 올립니다. 또한 문장을 바로 잡아주고 윤문을 도와주신 김균태 교수님과 황인복 목사님께 감사를 드리고 특히 새로운 출판 패러다임을 추구하고 있는 북랩에서 흔쾌히 이 책의 출판을 허락해 주신 것을 감사드립니다.

2015년 12월
오승재

차례

1부 가짜 세례증

2부 이 사람을 보라

3부 목사를 칭찬하지 말라

4부 시끄럽다

1부

가짜 세례증

불가항력적인 은혜

    광복 이후 일인 교사가 중·고등학교에서 물러난 후 특히 수학·물리를 가르칠 교원의 부족을 느끼자 국가는 대학에 부설로 중등교원양성소라는 것을 개설하였다. 나는 그곳에 1953년 입학하였다. 정확히 말하면 그 명칭은 전남대학교 부설 중등교원양성소였다. 소장은 전남대학 총장이었고 교수들은 대학에 출강한 강사들이었다. 그중에 국어에 김현승, 수학에 하광철 등 쟁쟁한 분들도 있었다.

    나는 당시 불신자였는데 후에 하나님께서는 불신자를 이런 방법으로 초청하시는 것이 아닐까 하고 생각했다. 그것은 내가 들어가기 한 해 전에 이 양성소는 생겼고 내가 졸업할 때 이 양성소는 문을 닫았다. 꼭 2년 동안 존재했던 학교인데, 이것은 마치 나를 위해 만들었다 없앤 빤짝 대학 같다는 생각이 들었기 때문이다. 그런데 나는 여기서 겪을 것은 다 겪었다. 당시 각 대학마다 있었던 학도호국단은 군사훈련을 제대로 하지 않는다는 이유로 대학생들은 일제히 군에 입대시켜 정식훈련을 마치게 한 다음 예비역으로 편입시켜 다시 대학에 복귀시킨 일이 있었는데, 그 첫 번째 시도가 1954년 7월부터 9월까지 3개월간 논산훈련소에서 시행되었다. 이들에게 주어진 특수 군번이 so 군번인데 후에 흔히 so를 빼고 000으로 시작하는 '빵빵'군번이라는 것이다. 나는 제1기 학도특별군사훈련생으로서 간부후보생 전반기 훈련을 수료했다는 수료증서와 함께 보병학교장 서종철 준장이 수여한 제대증을 가지고 학교에 복교했다. 이때 내 군번은 so000009번이었다. 즉 1기생인 나는 아홉 번째의 우수한 성적으로 예편되었다는 뜻이다.

나는 1학년을 마친 뒤에 예비역으로 편입되어 2학년으로 올라가 학교를 마치고 졸업했는데 곧장 소집영장이 나와 군에 입대할 수밖에 없었다. 이것은 예편시켰을 때 국가에서 처음 약속했던 것과는 다른 것이었다. 그러나 사병으로 다시 군 생활 2년을 마치고 1957년 제대했더니 이제는 광주 시내에는 수학교사자격증을 가지고 들어갈 자리가 없었다. 조선대학부속중학의 교장으로 계시는 분은 나를 잘 아는 분으로 당분간 강사로 중학교에 나올 수 없느냐고 말해서 그렇게 하기로 하였다. 가르치는 것은 수학이 아니고 작문이었다. 문학에 대한 나의 소질을 그는 어느 정도 인정하고 있었다. 나는 거기서 작문을 가르치기 시작한 다음 해 1959년 1월에 한국일보에 신춘문에 당선을 하고 그해 3월에는 결혼도 했으며 학교에서는 정교사 임명도 받았다. 그 동안 나는 열심히 일했다.

그러나 1960년은 참 싫은 해였다. 그 해는 '리' 대통령을 압도적인 다수로 대통령으로 당선시켜야 하는 해였기 때문이었다. 나는 전교생 1,300명에게 "우리 리 대통령"이라는 작문 숙제를 내서 우수 작품을 선정하여 시상하는 일을 해야 했고, 또 가정방문을 해서 정치 성분 조사를 해 상부에 보고도 해야 했다. 내가 속한 조선대학 총장은 당시 여당 국회위원이었고 광주는 야당 도시여서 야당 대통령 후보 조병옥 박사는

1993년 필자가 위스콘신 주립대학을 방문했을 때의 한미성 목사: 그때 학원선교를 하고 계셨다.

도민의 희망이었는데 2월 말 서거하고 3·15는 부정선거가 되었다. 나는 어떻게 해서든지 이 학교를 떠나고 싶었다. 모든 여건이 나로 하여금 이 직장을 떠나도록 강요하고 있었다.

전주의 기전여·중고는 내가 애굽에서 탈출해 온 것과 같은 곳이었다. 외국인이 교장이어서 정치적 간섭을 덜 받는 곳이었다. 내가 이곳에 옮겨 온 것은 누군가의 도움이 없이는 있을 수 없는 일이라고 생각했다. 어둠에서 빛으로 옮겨온 것이다. 그 상황이 어찌나 간절하고 피할 수 없는 것이었는지 나는 술도 끊고, 담배도 끊었다. 다시는 입에 대기도 싫은 것이 되었다. 그렇지만 나는 그렇게 맴돌고 등록하기를 싫어하던 교회에 꼼짝없이 묶여 살게 되었다. 칼뱅의 5대 교리에는 주권적인 선택, 불가항력적인 은혜라는 말이

있는데 나는 후에 그렇게 그리스도에게 붙잡혔다는 생각을 했다. 내가 모르는 사이에도 예수님은 계속 나를 초청하고 계셨다는 생각을 하게 되었다.

볼지어다 내가 문 밖에 서서 두드리노니
누구든지 내 음성을 듣고 문을 열면 내가 그에게로 들어가
그와 더불어 먹고 그는 나와 더불어 먹으리라

나의 멘토 한미성 선교사

나는 1955년에 내한, 1967년에 한국을 떠난 교육선교사 한미성 (Melicent Huneycutt) 교수를 나의 멘토로 생각하고 지금도 존경한다. 그분이 전주 기전여고 교장(1957-1962)으로 계실 때 나는 그곳 교사로 취직했으며 한남대학교 교수로 계실 때(1963-1964) 그곳 대학에 학생으로 편입하여 그분을 모시고 조교로 일했다. 그분은 내가 새로운 피조물이라는 것을 충격적으로 깨닫고 살게 해 주신 분이다. 기전여고에 채용된 후 신입교사 환영파티가 있었는데, 그때 신입교사인 나에게 교사들은 노래를 시켰다. 술 파티를 할 수 없는 곳이었기 때문에 그런 방법으로 흥을 돋우는 듯했다. 나는 미국인 교장 앞에서 수학교사지만 영어도 잘한다는 치기로 영어 노래를 했다. 그것이 '케세라 세라'라는 당시 영화 주제가였다.

그런데 나는 다음 날 교장실에 불려가서 한 마디 들었다. 그때 한 교장은 "기독교인은 '케세라 세라' 하고 살면 안 됩니다." 하고 미소를 띠며 말했는데, 나는 그 말에 충격을 받고 평생 잊지 않고 살고 있다. 기독교인은 '케세라 세라' 하고 살면 안 된다는 기독교 윤리를 터득한 것이다. 그 뒤 나는 영어공부를 더 하고 싶어 일기장을 두 권을 사서 일주일씩 교대로 영문으로 일기를 써서 한 권을 한 선교사에게 드리고 교정해 준 것을 받는 동안 쓴 또 한 권의 일기장을 드리는 식으로 교정을 해 받았다. 그분은 내가 미국 유학을 희망한다는 것을 알고 초급대학 졸업으로는 유학이 힘들다고 대전대학(현 한남대)으로 편입시키고 첫 학기 등록금을 대주며 생활비가 필요할 거라고 나를 조교로 써 주신 분이다.

수학과 학생을 어떻게 영문과 조교로 쓸 수 있는가? 그러나 그분은 여학교 교장으로 계실 때도 나를 대동해서 시골 교회에 나가 설교할 때 통역을 시켰고 한국 고무신을 팔아 선교비를 마련할 때도 내게 도움을 요청했었다. 대학에 와서는 서정주 시인을 만날 때에도 감사까지 나를 대동했다. 그분은 한국 선교사는 한국인처럼 살아야 한다며 선교사 촌에서 나와 한국인 마을의 온돌방에 살면서 여대생 한 사람을 양녀로 그리고 나이 어린 남자애를 양자로 삼아 가정 도우미를 써가며 길렀다. 영문과 학과장으로 있으면서 시내에서 좀 떨어진 장동에 있는 미국인 캠프의 사병들을 불러 저녁 때 쿠키 대접을 하면서 학생들과 소그룹 영어회화를 하도록 하기도 했다. 그래서 우리 대학이 작았지만 시내에서 영어연극 공연을 하면 국립대학 공연보다 훨씬 더 큰 환영을 받았다. 이런 그분을 도우면서 나의 신앙은 성장했다.

나는 정말 '케세라 세라'
하며 살면 안 된다고 생각
하면서도 세상과 짝하며 살
지 않았는지 지금도 많이
반성한다. 사실 어렵고 힘
들 때는 될 대로 되라고 그
렇게 살기도 했다. 은퇴한
지금 나는 새삼스럽게 그때

한미성 목사는 1986년 Mr. John Vergeer와 결혼 했다. 이 사진은 필자가 2004년 10월에 노스 캐롤라이나에서 만나 찍은 것이다.

일을 생각하며 "지금까지는 다 연습으로 신앙생활을 했다. 그래서 지금부터라도 정말 온 우주를 하나님께서 창조하시고 섭리하신다는 것을 믿고 나도 살아 있는 우주관을 갖고 사는 삶을 살아보고 싶다."고 새로운 결심을 한다. 그분은 지금 나이가 90이 넘었는데 미국의 노스캐롤라이나에서 선교의 열정을 굽히지 않고 계신다.

가짜 세례증

나는 기독교 학교에 가짜 세례 증을 가지고 취직하였다. 처음엔 '까짓 것 무슨 상관이겠는가? 교회만 잘 나가주면 되지 않겠는가.' 하는 생각이었다. 그러나 세례교인이 된다는 것은 그리 쉬운 일이 아니었다. 불쑥불쑥 기도를 시키는데 나는 그것을 대비해서 모범기도문을 하나 암기하고 있어야 했다. 또 교회에 필수적으로 참석해야 했는데 더욱 당혹스러웠던 것은 교회에서 주일학교 학생들을 가르쳐 달라는 것이었다. 목사님은 기독교학교 교사라면 당연히 중등부 학생들도 가르칠 수 있다고 생각하고 있었다. 그때는 주일학교라는 말도 생소한 때였다. 그러나 이를 거절하면 가짜 교인의 본색이 드러날 것 같아 못하겠다는 말을 할 수가 없었다. 갈 데까지 가보자는 생각으로 나는 평소에 성경의 이야기는 비교적 재미있게 할 수 있다는 확신을 가지고 무작정 성경을 창세기부터 읽어 가면서 재미있는 이야기가 나오기만 하면 그 이야기를 중학생들에게 해주었다. 그때는 주일공과 책이 있다는 것도 모르던 때였다. 어린 중학생들은 그 이야기에 홀리어 나를 좋아하였다. 나는 거짓이 드러나면 안 되기 때문에 성경에 나오는 이야기 외에는 내 말을 덧붙이는 일이 없었다. 내가 주일학교 교사로서 신임을 얻게 되자, 이제는 나에게 찬양대원이 되어 달라는 것이었다. 그때는 왜 그런 청을 거절하면 가짜 교인이 들통날 것이라고 생각했는지 알 수 없다. 그래서 이를 수락하고 진땀을 빼며 성가대원 노릇을 하였다. 성가대에는 베이스로 굵은 목소리를 내는 남자 중학교의 교감선생이 계셔서 나는 그 옆자리에 앉아 입만 벌리고 리프 송을 하게 되었다. 그러나 그럴 수만은 없어서 성가 연습이 끝나면 피스를 집으로 가져 와서 집에서 시창으로 몇 번이나 몇 번이나 그 곡을 연습했다. 피나는 노력이었다. 반년쯤 되어 나는 멜로디를 따라가지 않고 조금씩 베이스를 하게 되었고 주일학교 교사로서 성가대원으로서 틀이 잡혀가기 시작하였다. 이제 한숨을 좀 돌릴까 했는데 조금씩 나의 성실성을 인정한 교회에서는 다음 해에는 나를 서리집사로 임명하겠다는 것이었다. 서리집사가 되면 또 무슨 짐을 더 져야 하는가? 나는 짐을 질 때마다 산더미처럼 죄의 짐을 지는 일이었다.

그 해 추수감사절에 성찬식이 있었다. 목사님은 성찬식을 행하면서 고린도전서 11장에 있는 말씀을 낭독한 후 다음과 같이 말하였다.

"누구든지 주의 떡이나 잔을 합당치 않게 먹고 마시는 자는 주의 몸과 피를 범하는 죄가 됩니다. 따라서 성령을 거스르는 자와 교리를 모르는 자와 교회를 부끄럽게 하는 자와 무슨 은밀한 중에 알고도 죄를 범한 자들은 이 떡이나 잔을 삼가는 것이 좋습니다. 주의 몸을 분변치 못하고 먹고 마시는 자는 자기의 죄를 먹고 마시는 것이나 마찬가지입니다."

이것은 최종 대형 사고였다. 이 떡을 어떻게 해야 하는가? 나는 대중들이 처다보고 있는 성가대 석에 앉아 있었다. 성가대 석에 앉아 있는 사람들은 모두 세례교인들이어서 분병위원이 돌리는 접시가 돌아오는 대로 떡을 하나씩 들기 시작했다. 드디어 내 앞으로 떡이 돌아왔다. 나는 먹어서는 안 된다고 속으로 말하고 나는 가짜 교인이라고 속으로 외치고 있었지만 손은 떡을 집고 있었다. 내

세례를 받은 지 만 22년 째 되는 1982년 12월 22일 필자는 댈러스한인장로교회(현 빛내리 교회)에서 송수석 목사 집례로 장로가 되었다.

속사람과는 다르게 포도즙까지 마신 뒤 내가 느낀 것은 나는 죄를 먹고 마셨으니 나는 영원히 용서받을 수 없다는 것이었다.

크리스마스를 지내고 신정 때 나는 광주 D교회의 목사님을 찾아갔다. 그리고 이 교회의 가짜 세례증을 가지고 취직한 것을 고백했다. 내가 가진 세례증은 이 교회의 목사님 아들이 내게 만들어 준 것이었다. 목사님은 내 경위를 듣고 아무 말 없이 얼마 동안 기도만 하고 계시더니 나를 안방으로 인도하였다. 그리고 성찬기에 물을 담아 와서 당회가 무엇인가, 제직회가 무엇인가 등 설명하고 몇 가지를 물었다.

"그대는 하나님 앞에 죄인인 줄 알며 마땅히 그의 진노를 받을 만하고 그의 크신 자비하심에서 구원 얻을 것밖에 소망이 없는 자인 줄 압니까?"

"알 뿐입니까? 나는 죽을 죄인입니다."라고 속으로 외쳤다. 목사님은 나 한 사람을 두고 세례를 베푸셨다.

"이제는 예수를 믿는 오승재에게 내가 성부와 성자와 성신의 이름으로 세례를 주노라."

나는 나 혼자 세례를 그렇게 받았다. 이렇게 나는 용광로에 들어가 세례교인이 되었다.

내가 너를 지명하여 불렀나니 너는 내 것이라

가정예배

나는 1960년 봄에 기전여자중·고등학교에 교사로 취직해서 처음으로 '다락방'이라는 말씀 묵상집이 있다는 것을 알게 되었다. 매일 첫 시간이 시작되기 전 직원 회의 때 이 책을 읽고 돌아가면서 기도를 하는 것이었다. 나는 여러 사람 앞에서 기도하는 담력을 솔직히 거기서 얻었다. 이 책자는 각 군부대, 병원, 교도소, 연구소, 교육기관 등에 보내지는 선교지로 40여 개 국어로 번역된 세계적인 묵상집이다. 따라서 각 나라 사람들의 여러 형태의 사소한 간증 같은 것도 보게 되었고 그들이 이렇게 성경을 묵상하고 있는 것을 깨닫게 되기도 했다. 당시 남장로교 선교사들이 소속된 모든 기관에는 이 책자로 직원들이 말씀 묵상을 하는 것 같았다. 후에 대전대학(현 한남대학)으로 옮겼는데, 거기서도 아침 첫 시간이 시작되기 전 교수들이 모여 이 다락방으로 아침 기도회를 시작하는 것이었다. 그렇게 해서 나는 그때부터 지금까지 50여 년 동안을 꾸준히 이 책자로 은혜를 받고 있다.

나는 이 책자로 가정예배도 드리기 시작했는데, 먼저 책에 나와 있는 성경 본문을 읽고, 기고자의 간증문을 읽은 다음 기도하고 주기도문으로 마치는 그런 순서였다. 초신자였을 때 주인 장로님 댁에서 가정예배를 드리는 소리를 들었지만, 나는 그런 열심과 엄두를 내지 못했다. 그러나 어느 날 밤 여름이었는데 모기장을 치고 갓난애와 함께 자고 있었다. 그런데 아내는 촛불을 켜고 뜨개질을 하다가 고단하여 잠들어 버렸다. 내가 눈을 떠 보니 화염이 모기장으로 옮겨가고 있었다. 숭늉을 떠 놓은 것이 마침 머리맡에 있어 그 물을 붓고 모기장을 걷어내어 겨우 진화하였는데 하마터면 주인집에 불을 낼 뻔하였다. 너무 놀랐지만 정신을 가다듬고 함께 기도하였는데 그때부터 우리의 가정예배는 시작되었다. 애들이 장성하자 부정기적이던 가정예배가 이제는 이 '다락방'이 우리 내외의 정기적인 가정예배의 지침서가 되었다.

나는 1994년부터 2012년까지는 일곱 차례나 이 '다락방'의 필자가 된 일도 있다. 내가 옳게 말씀 묵상을 하고 있는지 검증을 받고 싶어서 보낸 원고였다. 그 뒤로 '다락방'은 내 사랑하는 애인처럼 더 친근해졌다. 그러나 내가 '다락방'을 사랑하게 된 진짜 이유는 여기에 있지 않다. 우리 부부는 둘이서 이 책자를 통해 아침에 배를 드리면서 유익한 점을 한둘 찾아낸 것이 아니다. 우리는 매일 홀수 날은 내가, 그리고 짝수 날은 아내가 '다락방'을 통해 기도를 하는데 아내의 기도를 들으면서 내가 아내를 더 많이 알게 된 것

다락방 2004년도 11-12월호 표지

이다. 부부는 비밀이 없다지만 서로 말하지 못한 부분이 있게 마련이다. 그러나 하나님께 기도하는 그 음성을 들으며 나는 내가 평소 깨닫지 못한 아내의 놀라운 신앙의 깊이와 자녀들이나 이웃을 향해 가지고 있는 사랑의 감정을 들여다 볼 수가 있어 아내와 더 가까워짐을 느끼게 되었다. 또 살다 보면 무의식적으로 아내에게 상처를 주어서 사이가 서먹해져 사과하고 용서받고 싶을 때가 있다. 그러나 막상 마주 대하면 사과의 말이 나오지 않는다. 이럴 때 가정예배 시간에 하나님께 내 잘못을 회개하고 내 마음을 열어 고백하면 하나님으로부터 용서 받는 기쁨이 있다. 그땐 내 마음이 홀가분해지는데 아내도 말없이 나를 받아주는 것 같아 두 사람이 더 행복해지기 때문이다. 요즘은 그보다 더한 기쁨이 있다. 나는 나이가 들자 기도하다가 애들의 이름, 병자의 이름을 잊어버리고 머뭇거릴 때가 있다. 그러면 말없이 기도하던 아내가 서슴없이 소리를 내어 그 이름을 가르쳐 주는 것이다. 그럴 때 나는 같은 마음을 가지고 합심해서 기도하고 있었다는 생각이 들어 이름을 가르쳐주는 것이 부끄럽지 않고 오히려 기쁘다. 또 두 사람이 주님의 이름으로 기도하고 있을 때 주께서 우

리와 함께 계시는 것을 느끼는 것이다. 나는 그럴 때 이 땅에서 주
님이 우리와 같이 계시는 하늘나라를 체험하는 기쁨이 솟는 것을
느낀다.

하나님의 나라는 너희 안에 있느니라

천사를 보내주심

내가 초급대학에서 정규대학으로 옮길 결심을 한 것은 우리 생애에 첫 번째 중대 결단이었다. 우리뿐 아니라 우리 주변에 있는 사람도 너무 놀라서 어떻게 하려고 그러느냐고 말리기도 하고 걱정도 하였다. 그러나 막상 우리만 태평하였다.

우리가 이사하기로 결정한 날은 눈이 유난히 많이 쏟아지는 날이었다. 우리는 새벽 2시 30분에 눈을 떴다. 새벽 5시 55분의 차를 타기 위해 지난밤을 거의 뜬눈으로 지새웠다. 그것은 이삿짐을 다 보내버리고 남겨 둔 얇은 세 장의 담요 때문만은 아니었다. 뜨내기처럼 전혀 예상하지 않은 방법으로 이곳에 와서 또 전혀 예상하지 않았던 새 생활을 시작하려고 서로 헤어지는 시간이 너무 빠르고 급했기 때문이었다. 교회에서 마지막 송별예배를 1963년 1월 13일 밤 〈우리 다시 만날 때까지…〉라는 송별 찬송을 불러 줄 때 아내는 눈이 붓도록 울었다. 평생 그렇게 울어 본 적이 없었다고 술회하고 있다. 슬퍼서가 아니었다. 연년생으로 낳은 세 어린애, 특히 한 달도 채 안 되는 핏덩이 같은 어린애를 안고 떠날 때, 하나님께서 간 데마다 보호하시며, 위태한 일을 면케 해 주신다고 불러 준 찬송이 마음에 사무쳤기 때문이었다. 4시에 일어나 전주에서의 마지막 가정예배를 드렸다. 나는 이곳에 와서 억지로 기독교인으로 연단된 것을 감사하였고 아내는 소원이던 예수병원에서, 그것도 내 친구까지 있는 곳에서 3남매 선물을 안고 떠나게 된 것을 감사하였다. 이제 하나님께서 우리를 또 광야로 내모시는데, "오! 우리의 앞길을 인도하소서…" 이것이 우리의 기도였다. 나는 잠들어 있는 어린애들을 내려다보았다. 큰딸은 어머님을 따라 미리 내려가 있었고 두 아들들은 깊이 잠들어 있었다. 순간 나는 악인 같고 아내는 천사 같은 생각이 드는 것이었다. 내 의지는 항상 도달할 수 없는 것을 욕망하고 있는데 아내는 외양간으로 돌아가는 암소처럼 순종의 길을 걷는 것 같아 가슴이 저리었다. 1963년 1월 16일자로 아내에게 쓴 편지는 아래와 같았다.

세상을 온통 흰 눈으로 뒤덮고 당신을 그곳으로 내모는 하나님의 뜻이 무엇인지 모르겠습니다. 당신을 이토록 고통스럽게 하는 것은 하나님의 뜻이 아니고 하나님을 빙자한 내 사사로운 욕심이 아닌지 모르겠다고 스스로 자책하기도 합니다. 광야로 가는 것은 당신이나 나나 마찬가지이지만 내가 가는 곳은 내가 기뻐서 택했고 당신이 가는 곳은 순수하게 순종의 길이라고 생각할 때 괴로웠습니다. 그러나 어제 그 눈이 우리의 장래를 축복하는 서설이기를 빕니다. 송정리역에서는 애들과 짐들을 가지고 어떻게 내렸는지 또 거기서 아버지가 계시는 시골 삼도국민학교까지는 어떻게 갈 수 있었는지 궁금합니다. 당신을

시골에서 삼 남매를 끌어안은 아내 문수원

떠나보낸 그날 나는 아주 따뜻한 봄날이 찾아 온 것을 꿈에 보았습니다. 노란 개나리들도 길가에 활짝 피어 있었는데, 나는 당신을 하루만 기다리게 했어도 이렇게 따뜻한 날 갈 수 있게 했을 것을 하고 가슴 아파하다가 눈을 떴습니다. 꿈에서 깨어 하숙방에 덜렁 혼자 누워 있는 것을 발견했습니다.

다음은 아내의 답장이다.

주 은혜 안에 무사히 도착한 것을 감사합니다. 그 날은 송정리 고모 댁에서 자고 다음날 택시로 왔습니다. 하나님께서는 정말로 천사를 보내주셨습니다. 한 자가 넘게 덮인 눈 때문에 길과 논을 구분할 수 없는 삼십 리를 한 택시 운전사가 거절하지 않고 우리를 데려다 주었답니다. 눈보라가 치는 창밖을 바라보고 있으니 제가 혼자 여기 와 있다는 것이 믿어지지 않았습니다. 이런 험한 날씨 속을 혼자서

애들과 함께 무사히 도착했다는 생각을 하니 막 눈물이 쏟아졌습니다. 저희들은 부모님께서 잘 돌봐주시니 오히려 이곳이 삼남매를 기르기 위해 예비해 둔 집 같기도 합니다. 외로운 것은 참아야겠지요. 옆에서 딸애가 "지희 말 잘 듣는다."라고 쓰라고 하더니 잠이 들었습니다.

훗날, 나는 하나님께서 천사를 보내어 내 가족을 인도해 주셨다는 것을 믿으며, "주시옵소서." 하고 내 이기심만을 위해 기도했지만, 하나님의 섭리가 계서서 그분이 나를 택하시고 애들을 아름다운 시골 산천을 바라보며 할아버지 할머니의 사랑을 받고 자라게 하셨다고 지금도 믿고 있다.

너희가 나를 택한 것이 아니라, 내가 너희를 택하여 세운 것이다.

택하신 자를 버리지 않으신다

전주의 기전여·중고는 나에게 천국이었다. 그런데 나는 왜 그곳을 떠나야 했는가? 나는 이곳에서 신앙이 성숙해 갔지만 말씀의 묵상은 부족하였다. 다만 믿음의 형식만 따라 정신없이 살고 있었을 따름이다. 전주로 옮겨 올 때는 허니문 베이비를 가지고 있었다. 그래서 오자마자 한 달도 못되어 아내는 예수병원에서 4월에 첫 딸을 순산하였다. 이어 나는 대책 없이 씨를 뿌리고 아내는 거두어서 61년 8월 첫 아들을 갖게 되고 62년에는 또 아내는 셋째를 잉태하였다. 아내는 두 아이를 유모차에 또 하나는 배에 담고 30분도 넘은 시장 길을 오갔다. 지금 같으면 여성의 반란이 일어나고도 남았을 것이다. 그런데도 아내는 기쁨으로 이를 감당하며 좁은 셋방에 살면서도 글 쓰는 남편이 책상이 없으면 어떻게 하느냐고 밥상이면 된다는 것을 굳이 책상을 맞춰서 들여놓았다.

우리는 참 가난하였다. 광주에서의 중학교는 봉급을 제때 주지 않고 이·삼 개월 늦게 줄 때가 한두 번이 아니었다. 대학에 등록하면 군대를 안 가도 된다는 것 때문에 대학은 영화 촬영장의 세트를 세워 놓은 것처럼 겉만 멀쩡하고 학원기업을 하고 있다는 소문이 무성할 때였다. 그 대학의 부속 중·고등학교는 대학의 재단에서 운영하는 탄광이 어려워지면 함께 힘들었다. 그것이 그곳을 더 떠나고 싶게 만들었다. 나는 광주를 떠날 때 단골 중국집에 외상값도 갚지 못하고 전주에 올라와서 용케도 셋방살이를 하고 살고 있을 때였다.

그런데 또 셋째를 가졌다. 그래도 그때는 출산 경험을 쌓았다고 느긋이 진통을 기다리고 있었는데 분만 일이 지나도 산기가 없더니 갑자기 하룻밤은 새벽 2시쯤 진통이 밀어닥쳤다. 그 집에는 전화가 없었고 또 가까운 집에도 당시에는 전화가 없었다. 차를 잡으려면 학교에 가서 전화를 하거나 좀 번화한 먼 길까지 나가 기다리고 섰다가 차를 잡아타고 들어 올 수밖에 없었다. 그러나 그러다간 무슨 일이 생길 것만 같았다. 병원은 미나리 강둑을 걸어 언덕길을 올라가 빠른 걸음으로는 30분쯤이면 갈 수 있는 거리에 있었다. 우리는 좀 어렵지만 걷기로 하였다. 미나리 강을 건너는 곳까지는 그래도 별 문제가 없었다. 그런데 고갯길을 오르면서부터는 진통이 심해지기 시작했다. 마음은 초조해지는데 업고 갈 수도 없고 큰일이었다. 나는 뒤에서 밀고 아내는 몸을 뒤로 젖히고 정신없이 걸었다. 그러다가 진통이 오면 또 쭈그리고 앉아 얼마를 신음하였다. 둘이서 진땀을 흘리고 그래도 별일 없이 병원에 도착한 것은

4시가 다 되어서였다. 병원에서 그녀는 미리 와 있는 한 산모를 딴 곳으로 보내고 금방 아들을 순산했는데 그때가 12월 14일 4시 5분이었다. 아내는 길에서 출산을 할 뻔했던 것이다.

당시의 3남매, 지희, 철, 석

아내를 병원에 눕혀 놓고 학교 교무실에 와 보니 대전대학으로 옮긴 이곳 교장이었던 한 교장으로부터 편지가 와 있었다. 장학금을 마련해 주겠으니 대전대학으로 옮기지 않겠느냐는 것이었다. 그분도 내가 미국 유학을 가고 싶어 한다는 것을 잘 알고 있었다. 나는 당시 유학시험에는 필수로 영어는 물론 국사 과목을 통과해야 하는데 나는 그 과목들을 통과한 뒤였다. 그런데 한 교장은 선교부에서 미국유학 장학금을 받으려면 적어도 정규대학을 졸업해야 한다는 것이었다. 나는 욕망이 너무 컸다. 안정된 직장으로 옮겨주시고 귀한 생명을 저희에게 맡겨 주시면 감사히 받고 안정된 삶을 추구해야 하는데 나는 탐욕을 부리고 있었다.

아내가 퇴원하고 집에서 요양하고 있을 때 나는 한 교장의 이야기를 꺼냈었다. 어떻게든 회신을 해 주어야만 할 것이었기 때문이다. 그런데 아무 대답도 않고 있던 아내는 며칠 뒤 중대선언을 했다. 나는 유학의 꿈을 포기하지 않을 것이고, 애들을 다 키워 놓고 떠나면 너무 늦을 것이기 때문에 공부를 바로 시작하는 것이 좋겠다는 것이었다. 우리의 삶은 처음부터 평탄하지 않았는데 어떻게 평탄한 길만 기대할 수 있겠느냐면서 이것이 하나님께서 우리에게 열어주신 기회일지도 모른다고 말했다. 우리는 그 모험의 길을 떠나기로 결정하였다. 겨우 안정된 삶을 살 수 있게 되었는데 2년 8개월 만에 다시 미지의 길로 떠나기로 한 것이다. 그때 나는 하나님의 뜻을 묻지 않았다. 다만 내가 가는 길을 축복해 달라고만 하였다. 그러나 하나님께서는 나를 버리지 않으셨다.

여인이 그 젖 먹는 자식을 잊을지라도 주는 나를 잊지 않으신다.

과학은 신앙의 적인가

예수를 믿게 된 나는 한남대학에서 수학을 공부하게 되었다. 집합론을 배우게 되었는데 나는 여기서 수학이 셈을 하는 실용적인 학문이 아니고 철학과 통한다는 것을 처음으로 알게 되었다. "집합이란 분명하고 뚜렷이 구분되는 총체적으로 받아들일 수 있는 인식의 대상, 이른바 원소들의 모임을 말한다."라고 어렵지만 퍽 '순진한(naive)' 정의를 하고 있다. 더 설명하기를 집합은 원소들을 모아놓은 것인데 그 원소가 집합에 들어 있는지 아닌지를 알 수 있어야 하고 집합 속에 있는 두 원소를 꺼냈을 때 그 두 원소가 같은지 틀린지를 알 수 있도록 정의되었어야 한다고 했다. 이런 수학 자체는 평소 내가 생각해온 수학이 아니었다.

수학자 칸도어(Georg Cantor, 1845-1918)는 집합론을 만든 사람인데 자기가 정의(定義), 정리(定理)를 만들고 증명하곤 했다. 그러면서 집합에는 그 원소의 개수가 무한한 '무한 집합'이 있다고 주장했다. 당시에는 무한은 하나님의 영역에 속하기 때문에 터부시되고 손을 대지 못했는데 그는 무한도 어느 무한이 더 큰지 조사할 수 있다고 말했다. 여기서 그는 많은 물의를 일으켰다. 그 집합에 속해 있는 원소의 개수를 그 집합의 기수(基數)라고 하는데 자연수 N={1, 2, 3, 4, …}의 기수를 최소의 초한수라 하고 직선상의 점집합의 기수를 연속체의 기수라고 했다. 그리고 그는 최소의 초한수보다 분명히 크고 연속체의 기수보다 분명히 작은 기수를 가진 집합은 없다는 증명을 하려다 실패하고 드디어는 말년에 우울증에 걸려 1918년에 세상을 떴다. 그는 당대에 두려워하던 무한집합 사이의 기수를 비교하는 일을 과감히 도전하여 짝수, 정수, 유리수들은 다 자연수와 기수가 같다는 것을 증명했고 또 연속체의 기수는 자연수의 기소보다 크다는 것을 증명했다. 무한해서 셀 수 없는 집합의 크기를 어떻게 알 수 있느냐는 질문에 칸토어는 다음과 비슷한 예를 든다. 10밖에 셀 수 없는 원시인이 11마리의 오리를 가지고 있으면 그것은 그저 많다고 표현할 수밖에 없다. 그래서 50마리의 양과 52마리의 오리를 가지고 있으면 얼마나 많은지 알 수가 없다. 그러나 양 한 마리와 오리 한 마리를 쌍으로 우리에서 밖으로 내보내면 남은 쪽이 많다는 것을 알 수 있다. 이와 같이 크기를 비교할 때는 세는 것보다 비교하는 것이 앞선다. 이 원리를 이용하여 그는 모든 무한집합의 크기를 비교했다. 후에 칸토어는 모든 집합에는 반드시 그 기수보다 큰 기수를 가진 집합이 있다는 것도 증명했다. 그것이 문제가 되었다. 그렇다면 집합은 얼마나 커질 수 있다는 말인가? 무엇이 집합인가? 집합의 집합도 집합인가? 그 집합의 모든 부분집합의 집합도 집합인가? 그렇다면 이 세상에 있는 모든 것을 모아놓은 것도 집합인가? 그 집합보다 더 큰 집합이 반드시 있다는데, 이 세상의 모든 것을 모아놓은 집합보다 더 큰 집합은 무엇인가? 버트런드 러셀이라는 수학자는 M을 자신을 원소로 포함하지 않는 모든 집합들의 집합이라고 하면 그런 집합 M은 모순이라는 역설을 내면서 이를 쉽게 설명하기 위해 "나는 세빌리아 모든 사람들 중에서 스스로 면도하지 않는 사람들만을 면도해 준다."라고 주장한 사람은 자기모순에 빠지는 것과 같다고 빈정댔다. 스스로 면도를 하면 자기주장에 어긋나니 면도를 하면 안 되며, 면도를 안 하면 자기주장에 의해 면도를 해 주어야 하기 때문에 결국 자기는 면도를 할 수도 안 할 수도 없다는 것이다. 이것은 집합론을 칸토어가 너무 '순진한 정의'의 토대 위에 세워 놓았기 때문이었다.

후에 이 집합론의 모순을 없애기 위해 공리론적 집합론이 이 '순진한 집합론(naive set theory)'을 대체하게 되었다. 마찬가지로 뉴턴의 고전물리학은 아인슈타인의 상대성원리로 대체되었다. 과학은 이렇게 계속 그 가정(假定)을 수정해 가면서 발전하고 있다. 그리고 원시인이 모른다고 생각한 신비한 세상은 계속 과학으로 그 베일이 벗겨지고 있다. 그럼 신은 신비의 베일이 벗겨지는 대로 구석에 몰려 그 설 자리를 잃고 물러나는 것일까? 인간은 자기가 아는 것만 알고 알 수 없는 것은 알 수 없기 때문에 모든 것을 알 수는 없다. 그래서 아직도 베일에 숨겨진 하나님의 신비를 알아내기란 요원하다. 뉴턴은 자기는 아직도 발견되지 아니한 큰 대양이 자기 앞에 누워 있는데 자기는 매끄러운 조약돌이나 보통 것보다는 더 예쁜 조개껍질을 찾으며 기분풀이를 하고 있는 어린애와 같다고 말했다. 과학은 신을 위협하는 것이 아니라 태곳적부터 신이 숨겨 놓은 것을 찾아 진리에 접근해 가는 학문이다.

> 천국의 비밀을 아는 것은 믿는 자에게는 허락되었으나
> 안 믿는 자에게는 아니 되었다.

아버지의 유언

　내 아버지는 한의사가 왕진 후 바로 돌아가셨기 때문에 유언을 하지 않으셨다고 한다. 그러나 나는 그분의 마지막 말씀이 유언이었다고 지금도 생각하고 있다. 어머니께서 내게 들려주신 아버지의 마지막 말씀은 "보고 싶은 사람"이라고 그리운 모습으로 한 마디 하신 것뿐이라는 것이었다. 어떻게 받아들여야 하는가? 아버지는 끝내 돌아가신 것을 나에게 알리지 말라고 하셨다고 한다. 나는 그때 미국에서 학위과정에 있을 때였다. 그래서 내가 아버님의 부음을 들은 것은 소천 두 주 후 우연히 문안전화를 드렸다가 알게 된 것이다. 나는 미국에서 그곳 목사님과 그때야 추도예배를 드리며 울음을 삼켰다.

　나는 크는 동안 두 번 죽을 고비를 넘겼는데 첫째는 내가 초등학생 때 학교 귀가 길에 홍수에 덮인 길을 걷다가 익사해서 죽을 번했는데 길가에 자란 나무에 걸려 학교 소사가 헤엄쳐 와 살려 준 일이고, 둘째는 중학교 때 내가 전신주에 올라가 변압기를 잘못 건드려 감전되어 실신해 땅으로 떨어졌을 때였다. 아마 아버지는 나를 저승 문 앞에서 두 번 건진 아이라고 생각하셨을 것이다. 그래 선지 내가 장성하여 태어난 지 한 달도 되지 않은 아이를 포함 연 년생의 애들 셋을 아내와 함께 시골 교장 관사에 사시는 아버님 댁에 맡기고, 내가 초급대학으로는 안 되겠다며 4년제 대학에 편입을 결단했을 그때 아버지는 아들이 단행한 혁명전선에 당신도 뛰어들 테니 걱정 말라고 며느리를 위로하셨다고 한다.

1978년 6월 20일 나는 미시건 주립 대학에서 석사를 마치고 텍사스로 향하고 있었다. 이 해가 지나면 재직하던 대학에서 학비 지원이 끊어지기 때문에 자력으로 학비를 조달할 능력이 없으면 귀국할 수밖에 없었다. 그때 텍사스의 아내 친구가 그곳에 오면 여자도 월 천 불 정도의 수입은 거뜬히 보장받

오유길
(1906.10.26.-1990.05.08.)

을 수 있으니 오라는 것이었다. 그래서 이삿짐을 다 싸서 차에 싣고 댈러스에 가는 중이었다. 친구가 말한 부수입이 사실이면 그곳에 머물러 학위를 계속하고 그렇지 않으면 바로 귀국하기 위해서였다. 그때 나이 45세였는데 귀국하면 학위는 포기한다는 뜻이었다. 여행 중 휴게소(Rest Area)에서 나와 아내는 집을 떠날 때 마지막으로 받은 편지 두 통을 그때야 뜯어보게 되었다. 하나는 동생에게

서 온 것이고 하나는 어머니에게서 온 것이었다. 동생의 편지는 아버님 병세가 악화되고 있으니 빨리 귀국하라는 것이었고, 어머님이 아내에게 보낸 또 다른 편지는 "내가 손자들을 돌볼 테니 너는 미국에 가서 남편을 도우라고 보냈는데 이제는 네 애들이 다 고등학생이 되어서 진학지도도 어렵고 특히 큰 딸은 등교 시 가끔 빈혈로 쓰러지기도 하니 책임을 못 지겠다. 너라도 돌아올 수 없겠니?"라는 것이었다. 나는 그때 댈러스에 도착하면 바로 귀국 준비를 하자고 내 결심을 아내에게 말했는데 결국 거기서 학위를 마치게 되었다.

성경에는 "자녀들아 주 안에서 너희 부모에게 순종하라."라는 말이 있다. 가정의 평화는 순종부터 시작되기 때문이다. 그러나 나는 아버지에게 꾸중을 들은 적이 없다. 세 자녀를 맡기고 대책 없이 대학 공부를 시작할 때도 또 은퇴한 부모님께 네 자녀를 맡기고 미국으로 유학을 떠날 때도 모아 놓은 돈도 없이 그런 모험을 하느냐고 꾸중한 일이 없었다. 시골 교장으로 계실 때 우물가에 수양버들을 심은 적이 있었다. 나는 초등학생 때 그분이 학교 동산을 조경할 때 나무들을 전정하는 것을 보고 수양버들 가지를 전정가위로 잘라버렸다. 많이 화가 나셨을 텐데 그때도 꾸중하지 않으시고 용서하셨다. 그래서 "아버지, 하나님."이라고 지금도 하나님께 기도할 때 나는 내 아버지를 연상한다. 그런 아버지가 병상에서 "내가 힘들다. 제발 학위를 빨리 마치고 돌아오라."는 말을 하고 싶지 않았겠는가? 병원을 가지 못하고 한의사만 의지하던 아버지가 한 번은 진료를 받으러 갔더니 새파랗게 젊은 의사가 "술 끊어!"라고 했다는 것이다. 어머니가 귀갓길에 못된 의사라고 했더니 "후레자식이라 그러지."라고 했으나 당장 다음날부터 술을 끊었다는 것이다. 그렇게라도 해서 연명하여 아들을 보고 싶으셨을 것이라고 나는 생각한다. 나는 아버지께 순종하지 않은 적은 없다. 그러나 나를 사랑하셔서 차마 하지 못했던 말씀을 순종하지 못한 것이 가슴 아프다.

아버지는 인내와 사랑과 용서를 유언으로 남겨 주셨다.

뻐꾸기시계

나와 아내는 시계를 좋아한다. 요즘은 시계를 사는 사람이 별로 없다는데 우리 집에 와 보면 두 개의 화장실에 각각 시계가 있으며 서재와 침실에 하나씩, 또 거실에는 두 개가 있다. 지금 몇 시쯤 되었을까 해서 둘러보면 곧 알 수 있게 시계가 보여야 한다. 그 중 오래 된 것은 둘 다 거실에 있다. 하나는 결혼 20주년에 기념으로 산 것으로 AA타이프의 건전지 하나를 넣는 쿼츠(quartz)시계인데 35년이 지났다. 또 하나는 뻐꾸기시계이다. 미국에서 그 시계를 보고 신통해서 꼭 사 가지고 오고 싶었는데 그러지 못했다. 그런데 한국에 와서 몇 년 되었더니 시계 점에서 그것을 팔고 있는 것이었다. 나도 샀지만 친척이나 지인들에게도 선물로 사주었다. 그 뒤 이 시계는 1989년 말에는 인기 상품이 되었고 실제로 1995년 8월에는 국내 TV 쇼핑 몰에서 판매 상품 1위가 되기도 했다. 그러니 내가 가지고 있는 뻐꾸기시계는 30년이 넘은 셈이다.

한 때 이 시계가 고장 난 일이 있다. 그 당시 유성에 있는 한빛아파트에 존경하는 목사님이 계셔서 자주 갔었는데 나오는 길에 그 아파트에 있는 한 시계 점을 발견하였다. 그래 그곳에 시계를 맡겼더니 말끔히 고쳐 주었다. 그 전에는 뻐꾸기가 나오다 말고 엉거주춤 서 있거나 엉뚱한 시간을 치거나 해서 한 때는 버리고 새 시계를 살까? 하는 생각도 하였다. 우리나라도 그때는 뻐꾸기시계의 유행기간이 지나서 많은 사람들이 분리수거함에 그 시계를 흔히 버리곤 하던 때였다. 그러나 그 시계점 사장에게 많은 전문지식을 얻어 지금까지 별 문제 없이 잘 지내고 있다. 그런데 이번에 또 문제가 생겼다. 한 시간을 덜 치는 것이다. 그래서 장침을 한 바퀴 돌리면 제대로 치겠지 하고 돌렸더니 어떻게 된 것인지 장침과 단침이 함께 움직여 주어야 하는 것인데 따로따로 움직여 엉망이 되어버렸다. 이제는 버릴 때가 되지 않았느냐고 아내는 말했지만, 30여 년을 같이 살아 온 시계인데 쓰레기통에 버릴 생각이 나지 않았다. 우리 몸도 고장이 나서 병원에서 고치면 또 몇 년은 아무 일 없이 잘 지내지 않은가?

옛날 수년간의 전화번호부를 다 뒤졌는데도 그 시계 수리점이 나오지 않았다. 그러다 생각난 것이 명함을 모아놓은 수첩이었다. 거기서 나는 〈한빛 시계수리전문점〉을 찾아냈다. 전화를 했더니 〈카이저〉 제품인 것을 알고 너무 오래 되어 부속품을 찾을 수 있을지 모르겠다고 말하면서 찾았다 하더라도 기본 수리비 6만원은 각오해야 한다는 것이었다. 인터넷을 검색했더니 지금도 그런 제품

거실의 뻐꾸기시계

은 팔고 있는데 18만 4천 원이었다. 값보다도 나는 어떻게 하든지 30년 넘게 지낸 그 시계와 함께 하고 싶은 생각이 들었다. 그 시계를 달래서 잘 고쳐 살지 않으면 내 몸도 잘 달래서 살 수 없을 것 같은 생각이 들어서였다. 뻐꾸기가 울지 않으면 어떤가? 시간만 맞으면 그냥 함께 지닐 수 있지 않을까 하는 생각을 하였다. 사실 한번은 내 동생이 와서 자고 갔는데 그 시계 소리 때문에 한숨도 자지 못해 혼난 적도 있다. 우리가 뻐꾸기 소리를 꺼놓으면 되는데 그리 못했던 것이다. 막내아들 집에는 탁상차임벨시계를 사 주고 온 일이 있다. 그 시계는 태엽을 감아 주어야 웨스트민스터 차임이 울리는데 그들은 그 소리를 별로 듣고 싶어 하지 않는다. 그러나 우리가 찾아 가면 꼭 태엽을 감고 차임벨을 십오 분마다 듣는데 의무적인 것 같았다. 어쩌면 뻐꾸기시계는 소리를 내지 않는 것이 많은 사람에게 유익할지도 모른다는 생각을 하였다. 소리를 안 내면 뻐꾸기시계가 아니겠지만.

이 정교하게 만들어진 시계는 우연의 산물이 아니다. 영혼만 있다면 인간과 마찬가지인데 어떻게 버릴 수가 있는가? 물론 영혼은 없다. 그러나 오래 같아 살다 보니 영혼이 있는 것처럼 교감이 된다. 모든 일에는 때가 있다. 날 때가 있고 죽을 때가 있다. 그러나 그것은 내 뜻이 아니다. 그렇다면 이 시계도 내 뜻대로 지금 버리면 안 된다는 생각을 한다.

돌을 던져 버릴 때가 있고 돌을 거둘 때가 있다

장막 집

　나는 오랫동안 땅이나 집을 부동산으로 가져 본 적이 없다. 그것을 부러워해 본 적도 없다. 그런데 내가 대학 전임강사로 취직이 되어 대전의 대사동에서 셋방살이를 하고 있을 때였다. 어느 친구가 미국 선교사로부터 학교 부지를 불하받아 대지로 전환해 정지를 해 놓았는데 그곳에 집을 짓지 않겠느냐는 것이었다. 땅 값은 되는 대로 갚으면 되고, 위치는 내가 처음이니 어느 곳이든 마음대로 고르라는 것이었다. 이 말을 들은 또 다른 친구는 거기에 집을 지으라고 했다. 자기 친구가 주택은행 대리로 대전에 와 있으니 융자를 알선해 주겠다는 것이었다. 　나는 떠밀리는 느낌으로 얼결에 집을 짓게 되었다. 그때 나는 우리 대학의 건축을 주로 맡아 짓고 있던 건축기사를 알고 있었다. 그가 아주 튼튼한 집 설계를 해 주었는데 나는 경험이 없어 설계대금도 낸 것 같지 않다.

　어떻든 집을 짓고 나니 흐뭇하였다. 처음으로 내 집이 생긴 것이다. 나는 경사진 서향 땅의 맨 윗자리에 집을 지었는데 그곳은 교

새로 지은 집에서 어머니와 우리 내외

회 바로 앞이었으며 그 이웃에는 돈이 많은 분이 소나무 숲이 우거진 곳에 별장처럼 집을 지어 놓고 한가롭게 살고 있었다. 내 집을 짓고 처음으로 하고 싶었던 일은 내 집 현관에 내 이름이 들어간 문패를 다는 것이었다. 그래서 대리석으로 내 이름과 아내 이름을 나란히 새겨서 달아 놓았다. 부친도 교장으로 관사를 전전해 살아서 우리 가정에서 문패를 달아보기는 내가 처음이었다. 그 뒤로 우리 집을 찾는 사람은 "아, 그 두 사람 이름을 문패로 달아 놓은 집?" 하고 안내하기도 했다. 그것이 1970년 9월, 내가 처음으로 가진 부동산이다. 6년 뒤 내가 미국으로 공부를 하러 떠난 뒤는 은퇴한 부모님이 와 계셨는데 아내는 막내를 데리고 미국으로 오고 부모님이 남은 애들을 돌보며 계셨다. 내가 1983년에 돌아와 보니 그때는 아파트 붐이 일고 있어서 연탄을 때고 있는 이 집은 너무 불편하다고 시내로 나가 보자고 아내는 말했다. 그러나 섣불리 나서지 못한 것은 당시에는 아파트 청약예금을 한 사람에게만 당첨된 가격으로 입주가 허락되었기 때문이었다. 그래도 미분양 된

집이 있을지 모르니 아파트 섭렵을 해보자는 것이었다. 시내 한 복판 시끄러운 마을을 갔었는데 사람들이 소음을 걱정하여 들어오지 않았다고 2층 집이 미분양이라는 것이었다. 그래서 1987년 11월에 옮긴 곳이 시내 삼성아파트였다. 그곳에서 21년을 지냈다. 파이프에 구멍이 나 물이 세기도 하고 여기저기 고칠 곳이 많은 아파트에서 왜 계속 사느냐고 좀 좋은 곳으로 옮기면 집값도 올라 좋다는데도 나는 옮기지 않았다. 미국에서 셋집 삶에 익숙했던 나는 아파트는 장막 집에 지나지 않았다. 집을 옮겨가며 재테크하고 싶은 생각은 없었다. 그러는 동안 아내는 친구 따라 아파트 모델하우스를 보고 다니더니 안 옮겨도 되니 한번 모델하우스 구경이라도 가자고 채근하는 것이었다.

그때 따라나섰다가 아파트 하나를 계약하고 돌아왔다. 아내는 그럴 줄 몰랐다고 깜짝 놀랐다. 그렇게 해서 2007년 12월에 옮긴 곳이 대전시에서 떨어진 외곽에 있는 계룡시의 e-편한 세상 아파트다. 어떤 사람은 "이 편한 아파트가 왜 이리 불편해?" 하고 불평하기도 하지만 나는 이곳을 좋아한다. 인구는 4만 명밖에 되지 않은 곳에 1동 3면이 있는데 어느 면사무소에 가도 그렇게 한가할 수가 없다. 또 시내에 편이시설은 다 갖추고 있다. 시 보건소에 가면 한 번도 줄 서는 일이 없이 예방접종을 할 수가 있다. 내 아파트 앞에는 〈사계 솔바람 길〉이라는 3km의 산책길이 있다. 율곡 선생의 제자 사계 김장생의 고택에서 시작하여 완만한 왕대산 언덕길을, 사계가 제자들과 함께 걸으며 사색 담소했다는 산책로이다. 그러나 이 마지막 아파트에 큰 애정을 가지면 안 될 것 같아 한 때는 주택연금을 신청해 받으면 이 집은 언제든 떠날 수 있는 장막처럼 생각되지 않을까 했는데 아내의 반대로 그만두었다. 어떻든 우리는 유월절의 이스라엘 백성처럼 허리에 띠를 띠고 발에 신을 신고 음식을 먹는 기분으로 하나님의 부르심을 기다리며 이곳에서 살 것이다.

> 땅에 있는 우리의 장막 집이 무너질 때에는, 하나님께서 마련하신 집, 하늘에 있는 영원한 집이 우리에게 있는 줄을 압니다.

마귀의 자식

귀신, 마귀, 사탄…. 이런 말이 나오면 무당이나 토속신앙에서 나오는 말 같아서 개화된 현대인에겐 코웃음 치고 싶은 단어이다. 나도 어려선 머리 풀고 떠돌아다니는 처녀귀신 이야기라든지 밤 내 대빗자루귀신과 씨름하고 헤매다가 새벽에야 돌아왔다는 시골 머슴 이야기를 들으면 믿지 않았다. 내 선친은 시골에서 작은 초등학교의 교장으로 계시면서 일인이 새로 지어준 학교의 숙직실에서 온 가족을 거느리고 살았는데, 거기에는 화장실도 없어서 꽤 떨어진 학교 화장실을 다녀야 했다. 마을에서도 외진 곳이고 또 옛 공동묘지를 정지에서 만든 학교인데 밤에 귀신이 나오지 않느냐고 말하는 사람이 많았다. 그런데 우리는 그런 걱정을 안 했으며 밤에도 먼 화장실에 잘 다녔다. 그런데 기독교인이 되면서 이 귀신의 실체를 심각하게 생각하지 않을 수 없게 되었다. 사탄은 하나님과 대등하게 되려고 싸우다가 쫓겨난 하늘의 천사 루시퍼가 지상으로 내려와 귀신의 왕 사탄이 되었으며 자기가 함께 데리고 내려온 수하 천사들을 마귀나 귀신으로 삼아 지상의 인간들을 다스린다는 것이다. 이들은 죄인들을 백성으로 삼고 강력한 나라를 형성하고 있는데, 인간들은 예수를 믿고 구원 받기 전에는 다 죄인이기 때문에 세상 사람은 다 그의 백성인 셈이다. 그래서 예수를 믿고 구원 받은 사람들이 생기면 교묘히 꾀어서 자기 백성을 삼으려고 한다는 것이다. 때문에 기독교인은 순간마다 온몸을 무장하고 싸우는 군인처럼 마귀를 대적해야 한다고 한다. 그러나 나는 간사하고 악한 일만 꾸미는 그들의 꼬임에 어떻게 넘어갈 수 있는가 하고 늘 자만하였다.

그런데 내가 어느 날 그들의 꼬임에 넘어갔다. 금융감독원에 있다는 어떤 사람이 전화로 내 이름으로 된 070 전화가 서초구에 사는 한 사람에 의해 도용이 되고 사용료를 내지 않은 연체료가 46만 원에 달한다는 말을 서초경찰서 직원에게 듣지 않았느냐는 것이었다. 나는 그런 일을 상상도 하지 못하고 있었는데 20여분 전에 그런 통고를 받고 놀란 참이었다. 그런데 금융감독원에 있다는 이자는 요즘 그런 사기가 빈번이 일어나고 있다면서 그것은 내 개인정보가 유출되어 그런 것이니 제2의 사고가 나지 않도록 예방해야 한다는 것이었다. 그러면서 그는 나더러 인터넷 뱅킹을 하느냐고 물으면서 그렇다면 은행에 로그인해서 지금 쓰고 있는 공인인증서를 폐기해야 한다는 것이었다. 내가 그가 시키는 대로 컴퓨터를 켜고, 거래 은행에 들어가자 우선 pc에 있는 인증서를 스마트폰으로 옮겨 놓은 후에 pc의 인증서를 폐기하겠다는 것이었다. 나는 그 날 아는 분의 은퇴식에 참석할 예정으로 점심을 빨리 먹었는데 내 은행 예금을 안전하게 지켜 주겠다는 것 때문에 오후 1시부터 2시 반까지 그의 지시를 충실히 따르고 있었다. 후에 알았지만 그는 그 동안 내 인증서를 자기 스마트폰으로 옮겨서 내 은행 예금을 모두 딴 은행으로 옮겨버린 것이었다. 뒤늦게 이를 깨닫고 은행에 연락 하여 빼내간 예금의 송금처에 지불정지를 해 달라는 부탁을 했는 데 이미 늦었다. 그들은 예금을 옮긴 뒤 벌써 현금으로 찾아간 뒤 의 일이었다. 내 두 은행의 잔고는 다 바닥이었다.

내가 왜 그 마귀의 말을 순순히 순종하고 따라했는 지 알 수가 없었다. 이것은 빗자루 신에게 밤 내 끌려 다니다 아침에 놓여난 머슴 아이와 다름이 없는 일이었다. 나는 어둠의 세상에 살고 있는 마귀 의 실체에 대해 너무 방심하고 있었던 것이다.

먹이를 찾아 으르렁거리는 사자가 동물원 철조망 안에만 있다고 생각하 면 안 된다.

내가 책임지겠습니다

　요즘 드라마를 보면 가난한 남자가 돈 있는 집 처녀를 원할 때 용감히 그 처녀 집 부모를 찾아가 무릎을 꿇고 "따님을 제게 주십시오. 제가 책임을 지겠습니다."라고 말하는 장면을 볼 수 있다. 장인 될 분은 그놈 배짱 한번 좋다고 호감을 보이는가 하면 장모될 분은 돈이 있느냐 직장이 있느냐고 반대를 한다. 그런데 청년이 말한 것을 생각해 보자. 무엇을 책임지겠다는 것인가? 먹여 살리는 것? 행복? 생명? 참으로 그가 할 수 있는 것은 아무것도 없다. 또 부모 쪽도 마찬가지다. 무엇을 책임지겠다고 하는지 제대로 이해는 한 것인지, 배짱이 좋다는 등 청년의 현재가 불확실하다는 이유 등으로 딸을 물건 인도하듯 흥정하는 것은 있을 수 없는 일이다. 생각이 너무 천박하고 평면적이다.

　나는 아내와 결혼하려 할 때 이런 말을 한 적이 있었던가 생각해 본다. 제대를 앞두고 연애하고 있던 아내와 만나고 싶다고 편지를 했다. 장인 되는 분은 목포에서 한 무진회사를 책임지고 있었는데 그녀는 그곳에 기거하고 있었다. 원래 장인은 일제하에서는 장흥, 진도 지방에서 군수로 지내고 있었는데, 일제 말에 과감히 그 일을 그만두었다. 해방이 되자 금융업을 좀 맡아 달라는 청을 받았던 것 같다. 이 금융회사는 서민들을 위한 소위 상호신용금고와 같은 것이었는데 폐해가 많아 후에 국민은행으로 병합되었다고 한다. 어떻든 비가 오는 날이었는데 그곳에 찾아가 출입이 허락되지 않아 밖에는 못 나오고 있는 그녀의 방에 들어갔다가 장인 될 분을 만나 혼난 기억만 있다. 과년한 처녀 집에 군인이 찾아다닌다는 소문이 나면 어떻게 되겠느냐고 다시는 찾아오지 말라는 호통이었다. 나는 당시 대학을 다니다가 군에 입대했고 집도 7남매의 장남이어서 결혼할 처지도 아니었다. 그러나 그때 나도 무릎을 꿇고 앉아 "따님을 주십시오. 제가 책임지겠습니다."라는 말을 하고 싶었던 것 같다.

어떻게 해서 허락을 받았는지 지금은 60년이 가까운 일이라 까마득해서 기억이 없다.

얼마 전 나는 아내가 언어장애가 오고 손에 힘이 없어 젓가락질을 제대로 못하겠다고 하기에 혹 뇌졸중인가 해서 교회를 다녀온 주일 오후에 대학병원응급실에 들렀다. 그랬더니 뇌출혈이 있어 격막하출혈(膈膜下出血) 수술을 급히 해야 한다는 것이었다. 두 달 전 빙판에서 넘어져 뇌를 다쳤는데, 그때는 CT를 두 번이나 촬영했는데 아무 이상이 없었고 지금까지 정상 활동을 해 왔는데 뇌막과

뇌 사이에 모세혈관에서 조금씩 조금씩 출혈이 되어 피가 쌓여 뇌를 압박하고 있기 때문에 언어장애가 온 것이라는 말이었다.

의사는 나를 앉혀 놓고 설명했다. 두개골에 구멍을 뚫고 혈종에

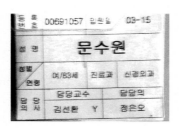

배액도관을 삽입해 쌓인 피를 빼내는 수술이라고 했다. 이를 위해 전신마취를 해야 하는데 나이(83)가 많기 때문에 소생이 안 되면 산소호흡기를 끼울 수도 있다. 피가 한 군데만 있는 것이 아니고 여기저기 있는데 다 빼낼 수 없으므로 앞으로 또 다른 곳에 피가 누적되어 재수술을 할 수도 있다. 지금 빼낸 곳에도 또 출혈이 있을 수 있다는 것을 각오해야 한다. 이렇게 설명한 뒤 다 알았으면 동의한다는 사인을 하라고 아이패드(ipad)을 내밀었다. 지금은 수술동의서가 이렇게 바뀐 것이다. 결국 병원은 최선을 다할 뿐 책임은 지지 않겠다는 것이었다. 그래도 나는 손가락으로 사인했다. 나는 수술실에 그녀를 보내 놓고 얼마나 초초했는지 모른다. '책임은 내가 지라는 말이 아닌가? 대기실에서 '수술 준비 중', '수술 중', '회복 중' 이런 전광판이 나타나는 동안 나는 온전히 우리 두 사람을

하나님께 맡기고 있었다. 진정 삶과 생명과 행복을 책임질 수 있는
분은 그분뿐이었다. 내가 책임을 진다는 것은 그분께 순종한다는
것임을 깨달았다.

두려워 말라 너는 내 것이라고 말한 하나님을 믿는 것이
내가 아내를 책임지는 일이다.

눈 먼 새

새를 잡으려고 그물을 치는데 새가 보는 앞에서 그물을 치면 헛수고다. 그런데도 그 그물에 걸려든 새가 있다면 그 새는 눈 먼 새이거나 불 속을 뛰어드는 불나방이다.

고속도로를 주행하다 보면 곳곳에 과속단속 카메라가 설치되어 있고 그 지점에 접근하면 여기저기 경고판이 붙어 있다. 이것은 여기 그물이 쳐 있으니 조심하라는 경고다. 또 차에 GPS를 켜고 가면 어김없이 '과속단속'에 조심하라는 경고음이 들린다. 그런데도 내가 그 그물에 걸려 경찰서 교통과에서 〈위반사실 및 과태료부과 사전통지서〉를 받았다면 나는 눈 먼 새라는 뜻이다. 그렇게 멍청할 수가. 그런데 눈 먼 새가 되어 과태료부과 통지서를 받으면 누구를 원망할 수도 없는데 와락 기분이 나빠지며 심장이 뛰기 시작한다.

나는 이번에 여수의 음악회에 다녀왔는데 3주가 좀 지나자 범칙금 납부통지서가 날아왔다. 고속도로를 달리고 있으면 제한속도

100km를 고수하고 달릴 수가 없다. 모든 과속 차량들이 무섭게 달려와서 내 꽁무니에 바짝 붙어 헤드라이트를 비추거나 위험하게 노선을 변경하여 비껴가기 때문에 차량의 흐름에 나도 따르지 않으면 위험할 때가 한 두 번이 아니다. 나도 노상에 설치된 단속 카메라를 주의한다. 과속단속인가, 교통정보수집인가, 단순한 CCTV 촬영인가 잘 알아봐서 속도를 줄인다. 과속단속 카메라는 20 내지 30m 간격으로 제1센서와 제2센서를 두어 마지막 카메라에 도착할 때 그 평균속도로 과속 측정을 한다고 한다. 그래서 적어도 카메라 전 60m부터는 속도를 줄여야 한다는 것을 잘 알고 있다. 처음에는 모든 카메라에 놀라서 속도를 줄였는데 이제는 노란 표지판에 〈과속단속〉이라고 써진 것 외에는 그렇게 놀라지 않게 되었다. 또 구간에 따라서는 〈구간단속〉을 하는 곳이 있어서 긴 구간을 조심한다. 정말 어려운 것은 진입 시의 속도와 구간 평균 속도와 종료시점 속도 중 제일 빠른 것을 기준으로 속도위반을 결정한다니 여간 조심스러운 것이 아니다. 어쩌다 놓쳐서 진입 시의 속도가 높았다면 후회해도 소용없는 일이다. 나는 그렇게 조심했는데도 이번에 걸린 것이다. 과속이 10km 미만만 되어도 범칙금 3만원에 벌점이 없는데 이번에 나는 20km(21km)가 초과되어 범칙금 6만원에 벌점 15점이었다. 순천·완주 고속도로를 빠져나와 여수 쪽으로 나가는 17번 국도였는데 국도가 너무 잘 닦여 있었고 고속도로를 달리던 관성으로 제한속도가 80km라는 것을 모르고 101km

로 달린 모양이었다.

아내는 노인이 왜 과속을 해서 정말 쓸 데 없는 돈을 무느냐고 짜증을 낸다. 자기도 같이 타고 있었으면서 모든 잘못은 나에게 있다. 아내는 너무 짜증이 나는 모양이었다.

"도대체 그때 네비(GPS)는 무엇하고 있었데요?"

희생양을 찾기는 찾았는데 나는 그때 네비의 경고음을 못 들었는지 업그레이드를 안 했는지 알 수 없는 일이다. 문제는 벌점이었다. 벌점이 쌓이면 운전면허가 취소된다는데, 내가 또 언제 과속단속에 걸릴지 모르는 일이다. 거기다 나는 나이가 많아서 면허가 취소되면 회복이 어려울지도 모르는 일이었다. 지구대에 연락해서 어떻게 벌점만이라고 안 받게 할 수 없느냐고 물었더니 기일 내에 벌금을 내지 않으면 된다는 것이었다. 그럼 30일 후에 과태료가 나오는데 만 원이 더 붙은 칠만 원인데 이것을 납부하면 벌점은 없다는 것이다. 한 번 더 교통법규를 어기면 벌점이 없어진다니 이상한 일도 있다. 벌점을 받더라도 규정을 지키는 것이 하나님 앞에 바른

일이 아닐까? 그러나 나는 한 번 더 법을 어기고 벌점을 면제 받기
로 했다.

　　　　　　새가 보는 앞에서 그물을 치는 것도 헛수고가 아니다.

2부

이 사람을 보라

브드나도를 아십니까

　나는 성경을 오랫동안 보아왔지만 브드나도(Fortunatus, 행운)라는 이름을 알지 못했다. 얼마 전 목사님이 설교할 때 그 이름을 들었지만 외우기도 힘들고 또 오랫동안 기억하고 있을 인물로 생각되지도 않았다. 또 실제로 신약성경에 그의 이름은 꼭 한 번(고전 16:17) 나왔을 뿐이다. 그런데 바울은 에베소에서 고린도전서를 쓰기 전(혹은 도중에) 그들(스데바나, 브드나도와 아가이고)을 만난 뒤 "이 사람들을 꼭 알아주십시오."라고 책의 말미에 그들을 고린도 교인들에게 당부하고 있다. 고린도전서 16:17의 한 줄이 아니었으면 선교역사에 빠질 뻔한 귀한 분이 브드나도이다.

　우리 주변에도 이렇게 선교사역에 이름이 묻힌 사람들이 많다. 나는 이번에 미국에서 '빛내리교회'를 개척한 뒤 고인이 된 송수석 목사의 사모가 한국을 방문했을 때 그분의 고향 김제의 대창교회를 함께 방문한 일이 있다. 이 교회가 있는 김제시 죽산면 대창리는 한국의 곡창지대라고 알려져서 '번드리'라는 이름을 갖고 있다.

마을의 논에 물이 꽉 차면 멀리서 볼 때 번들번들하게 보였다고 해서 생겨난 이름이라고 한다. 송 사모의 부친, 홍규일 장로는 내가 평소에 존경하는 분이어서 내가 꼭 한번 가보고 싶은 교회였다. 그분은 대창교회의 바로 옆에 집을 가지고 있어 교회를 세우는 데 그분의 선친 때부터 정성을 다 하였다 한다. 슬하에 딸 넷과 아들 셋을 두고 계셨는데 향학열이 높아서 딸도 가르쳐야 한다고 네 딸을 다 대학에 보냈다. 6·25 전란으로 피폐해진 농촌에서, 농지도 많지 않은 분이 여자를 대학까지 보낸다는 것은 생각할 수도 없는 일이었다. 첫 딸을 고등학교 교육을 마치게 했을 뿐 아니라 1954년 총회신학교(현 장로회 신학대학)까지 입학시켰다. 그래서 그 교회 출신인 안경운 목사(1982년 제 62회 총회장)와 그해 12월 21일 결혼을 시켜 목사 사모로 교회를 섬기게 했다. 둘째 딸은 이화여대 약대에 입학시켰다. 학자금을 위해 딸을 앞장세우고 농가의 살림 밑천인 소를 김제 장에 내다 팔기 위해 아버지는 그 뒤를 따라 가고 있었다. 당시 농민들은 이를 보고 혀를 찼다고 한다. 어린 아들들을 생각해야지 웬 여자를 대학까지 교육시키려고 소까지 파는가? 하고 한심스러운 표정들이었다. 그러나 그분은 "아들을 잘못 가르치면 내 집만 망하지만 딸을 잘못 가르치면 내 집뿐 아니라 남의 집까지 망하게 한다."라고 대답했다고 한다. 그 딸이 대학 2학년 때 고등학교의 교장이었던 여선교사가 자기 고향의 플로라 맥도날드 대학(Flora MacDonald College, NC)에 입학하도록 주선하였다. 이 대학은 신학교로 출발했는데 음악학교를 겸해, 1915년에 지금의 이름으로 바뀐 곳이다. 그 아버지는 얼마 안 되는 논에 모를 심어 놓은 채 몽땅 학비를 위해 내놓았다. 그러나 그해는 극심한 가뭄이 계속되어 팔리지 않았다. 이 소식을 들은 서울의 감리교 선교사가 기꺼이 등록금과 여비를 대주어서 미국유학이 시작되었다. 이때도 홍 장로는 자기 딸을 김활란 박사처럼 키우겠다는 것이 꿈이었다고 한다. 그런데 그런 딸이 오하이오 주립대학 음악전공으로 옮겨 음악학으로 박사학위 논문을 준비 중에 있다가 같이 알고 지내던 감리교 신학교 신학생과 필라델피아의 한 컨퍼런스에 참석하고 귀가하던 도중 차 사고로 소천되어 고향 땅을 밟아보지도 못하고 오하이오 대학 옆 묘지에 묻히고 말았다. 셋째(송 사모, 선숙), 넷째(선옥) 딸들도 숭실대 종교학과와 이화여대 음대로 진학시켜 그 두 딸들은 다 목사 사모가 되어 있다. 세 아들들도 대학을 마치고 두 아들은 교회 장로로 또 막내아들은 목사로 교회를 섬기고 있다.

나는 대창교회에서 내가 존경하는 홍규일 장로의 흔적을 찾고 싶었다. 그러나 그의 집터는 흔적 없이 사라지고, 목사님은 출타 중이었는데 전화로 연락하여 홍 장로님을 존경하여 찾아온 사람이라고 말하며 혹 아시느냐고 물었더니 모른다는 것이었다. 그럼 교회백년사를 가지고 있느냐고 물었더니 13년 전에 출판된 것이어서 갖고 있지 않다는 것이었다. 나는 교회 옆에 자그맣게 만들어 놓은 종탑 앞에 앉았다. 새벽마다 종을 치면 막히는 곳이 없이 광활한

번드리에서 김제 읍까지 소리가 들렸다는 그 종이었다. 홍 장로가 몸담아 섬기던 그 고장에서는 아무런 흔적을 찾을 수 없었다. 나는 후에 인터넷 검색을 하였다. 그러나 그곳에서도 아무 흔적도 찾을 수가 없었다. 어떤 분이 자기 블로그에 당회록에서 찾은 것이라고 1대부터 7대까지(1908-1942)의 장로 명단을 올렸는데 1959년 홍재순이라는 이름으로 장로가 된 그분의 이름이 물론 나와 있을 리없었다. 이름이 있고 없고가 무슨 상관인가? 일자무식이었지만 말씀대로 살고, 새로운 눈으로 세상을 보고, 근동 사람들이 그의 행실을 보고 죽산면 일대에 사는 모든 사람들은 예수를 믿었으며 교회를 지을 때는 믿지 않은 분도 쌀가마를 내놓았다고 한다. 홍 장로는 엄격하게 성수 주일을 하신 분인데, 일제의 학대가 심할 때는 주일에도 농사를 지어 수확을 늘려야 일본에 유익한데 농민들중 홍 장로를 닮아

김제의 대창교회와 댈러스 빛내리교회를 개척한
송수석 목사의 사모 송선숙 권사

일을 쉬는 사람이 많기 때문에 그 주동자로 일경에 붙들려가 경을 치기도 했다고 한다.

예수를 믿고 구원 받았다는 것은 무엇을 말하는가? 또 해외선교

사로 나가고 거리에서 예수를 믿으라고 외치는 것은 무엇을 말하는가? 나는 대창교회 누구든 붙들고 〈홍규일 장로를 아십니까?〉라고 묻고 싶었다. 또 이 시대의 교인들을 향해 또 그런 질문을 던지고 싶다.

이 사람들은 나(바울)의 마음과 여러분(고린도 교인)의 마음에 생기를 불어넣어 주었습니다 여러분은 이런 사람들을 알아주십시오

전재용 선장 이야기

오늘은 전재용 선장 이야기를 여러분과 나누고 싶다. 그동안 많이 알려진 분이지만 그래도 더 많이 알리고 싶다. 그것은 그런 분이 있어야 잘 살게 된 우리나라를 바르게 살게 하고 정신적인 지도자라고 자칭하는 사람의 위선을 벗기고 그들에게 참깨달음을 줄수 있다고 생각하기 때문이다.

그는 고려원양 소속 4백 톤급 참치잡이 원양어선 '광명 87호'의 선장이었다. 1985년 11월 14일 참치잡이를 마치고 싱가포르 항에 들러 귀향에 필요한 식료품 등을 구입하고 인도양에서 부산으로 귀향하던 중이었다. 해질녘 망망대해에서 필사적으로 구호를 요청하는 '보트피플(월남 패전으로 자유를 찾아 공산화한 월남을 탈출하는 피난민)'을 보게 되었다. 그는 죽어가는 사람들이 있다고 급히 본사에 연락하였으나 불가하다는 명령을 받았다. 그러나 그는 그냥 지나칠 수가 없었다. 속도를 늦추고 선원 24명과 상의했으나 그들 대부분도 명령을 어기면 무슨 불이익이 있을지 모른다며 반대했다. 모든 책임은 자기가 지겠다면서 뱃머리를 돌린 것이 그의 결정이었다.

처음 멀리서 볼 때는 십여 명으로 생각했던 사람들이었는데 구조하고 보니 '보트피플'은 임산부를 포함해 96명이었다. 선원들은 자기들의 침실을 부녀자들에게 양보하고 선장실은 노약자들과 병자에게 내놓았다. 이제는 24명의 식료품으로 120명이 연명해야 했다. 식료품이 떨어졌을 때 선장은 자기네 배에는 수확한 참치가 많으니 낙심하지 말라고 위로했다고 한다. 12일 만에 무사히 부산항에 입항했으나 현실은 냉혹했다. 입항 거부였다. 그러나 국제 여론을 의식한 대한적십자사는 우선 96명을 난민보호소에 수용하고 신원조사를 하였다. 그리고 일 년 반 동안을 수용하다가 미국, 캐나다 호주 등에 이주시켰다. 그러나 선장 전재용 씨는 명령 불복종으로 회사에서 해고되고 해양항만청에서는 이 년 반 동안 그의 승선을 금지했다. 또 그는 상부 기관의 부처에 불려가 심문을 받았다. 난민 중에는 간첩이 끼어 있지 않는지, 또 뇌물은 받은 적이 없었는지. 왜 명령을 어기고 그들을 구출했는지…. 그리고 그들과의 연락을 금했다. 그는 직장을 잃고 고생하다가 3년 뒤 맥산 소속의 '유니코리아 330호'에 선장으로 5년간 근무했지만, 결국 퇴직한 뒤에 고향인 통영으로 내려가 온 가족이 멍게 양식을 하며 연명하였다.

원양어선으로 나가 조업한다는 것은 쉬운 일이 아니다. 때로 광풍을 만나면 배는 하늘 높이 솟았다가 지옥과 같은 바다 밑으로 내려가서 그 위험 때문에 영혼이 녹는 경험을 많이 해야 한다. 그러나 선장은 조타실에서 핸들을 굳게 잡고 나침판을 의지하여 배의 방향을 잡아야 한다. 인생도 항해와 마찬가지다. 여러 어려움이 엄습한다. 그러나 자기의 갈 바를 정해야 한다. 인명을 살릴 것인가? 회사의 규정을 지킬 것인가? 너무나 결정하기 어려운 일이다. 그러나 그는 자기의 고난을 감수하고 사람의 생명을 우선하였다. 성경에도 예수께서 열여덟 해 동안 귀신 들린 여자의 귀신을 쫓아냈을 때 하나님을 잘 믿게 한다는 회당장은 주일날 병을 고쳤다고 분 낸 일을 기록한 것이 있다. 그가 자기의 안위만 우선했다면 96명의 생명은 잃었을 것이다.

한편 보트피플의 지도자 격이었던 피터 누엔 씨는 L.A.로 이주하여 계속 전재용 선장을 수소문하고 있었다. 그러다가 자기가 근무하는 페어뷰 병원의 한 동료직원이 휴가차 한국에 나가는 것을 알고 전 선장을 수소문해 달라는 부탁을 하였는데, 그것이 계기가 되어 2004년 전 선장을 미국으로 초청하는 초청장을 보내게 되었다. L.A.에 있는 베트남타운 '리틀 사이공(베트남의 사이공 시가 호치민 시로 바뀐 뒤 이를 아쉬워하여 명명한 아름)'은 대대적인 환영행사를 계획하고 전 선장의 선행은 코리아타운에도 널리 알려져 8월 8일 L.A. 공항에는 많은 인파가 몰리고 여기저기서 환영행사가 이어졌다.

한국에서도 뒤늦게 이 소식을 전해 듣고 국회 인권포럼은 전재용 선장을 2009년 '올해의 인권상' 수상자로 선정하고 '전재용 선장 유엔 난센상(UN Nansen Award) 추진위원회'를 구성해 본격적인 활동에 나섰으며 황우연 대표에게 상장을 받기도 했다.

회당장이 예수께서 안식일에 병 고치시는 것을 분 내어 무리에게 이르되 일할 날이 엿새가 있으니 그 동안에 와서 고침을 받을 것이요 안식일에는 말 것이니라 하거늘

육신 기증 서약서

나는 초등학교 동창으로 지금까지 가장 친하게 지내는 친구가 하나 있다. 초등학교를 떠난 지 16년 만에 우연히 그를 극장에서 나오면서 만났다. 아무도 아는 사람이 없는 타도로 직장을 옮겨 외로운 때였는데 그를 만난 것이다. 그 친구는 예수병원에 의사로 와 있다고 말했다. 3, 4년 함께 지내다가 또 헤어졌다. 그러나 인연은 질긴 것이어서 2003년 아내가 심장조형수술을 할 때 나는 그를 또 찾았다. 아내가 가슴이 찌르는 듯이 아프다고 고통을 호소했을 때 나는 옛날 전화번호를 뒤져 그의 거처를 알아내고 그에게 상의했다. 그는 놀라서 머뭇거리지 말고 바로 응급실로 가라는 것이었다. 아내는 바로 입원하여 심장조형수술을 마치고 이제는 완치되었다. 그 뒤 우리 내외는 그들 부부와 함께 해방 후 1회 졸업이었던 고향의 초등학교를 거의 66년 만에 방문하기도 했다. 그는 뒤늦게 띠동갑이 넘는 젊은 아내와 결혼해서 행복한 삶을 살고 있었다. 그는 평생에 자기가 잘한 일은 지금의 아내를 만나 결혼한 일이라고 아내바보가 되어 있었다. 그의 아내는 내 아내의 고등학교 한참 후배였다. 그 뒤로 우리 부부는 더 가까워졌다.

내가 말씀 묵상집을 출판하고 보냈더니 그는 자기가 50권은 사주고 싶다고 해서 저자에게 주는 할인 값으로 그에게 책을 보내고 내 구좌로 송금해 받은 일이 있다. 그런데 다음 해에 또 책을 냈을 때는 수고했다고 백만 원을 그때 알게 된 내 구좌로 보내왔다. 과분하다고 사양했더니 여유가 있어 보냈으니 부담 갖지 말라고 했다. 그는 결단이 빠르고 낙천적인 기질이었다. 그는 기독병원 원장 서리, 조선대학교 의대 학장, YMCA, 로터리클럽 회장, 지방검찰청 상임소년선도위원 등 의사로 있으면서도 많은 대외활동을 하고 대학 발전기금, 사회복지재단 기부 등 거액의 돈을 귀한 일에 기부하고 사는 친구다. 그러나 검소하게 살아서 자녀들은 학교에 다닐 때 버스를 타고 다니게 했으며 고3인 딸이 수돗물을 아껴 쓰지 않는다고 이틀이나 학교를 못 가게 한 일도 있었던 친구이기도 하다. 지금은 은퇴해서 친구 병원에서 전문의로 노인들을 위한 치유활동을 하고 있다. 광주의 간호전문학교 이사장으로 있으면서.

지난 해였다. 일본 크루즈 여행을 가자고 시간을 좀 비워놓으라는 것이었다. 얼마나 오래 살겠느냐고 같이 여행하고 싶다는 것이었다. 아내는 반대였다. 왜 그런 과분한 호의를 받아야 하느냐는 것이었다. 친구 아내가 적극적으로 아내를 설득했다. 언니와 여행도 하고 싶지만 그보다도 이런 오랜 남편의 우정을 자기는 본 일이 없다며 잘 모실 테니 같이 가자는 것이었다. 우리는 가까스로 이를 사양하는 데 땀을 뺐다. 금년 초에는 아내가 뇌수술로 입원을 했는데, 또 입원비에 보태라고 100만원을 보내왔다. 뒤늦게 이를 알게 된 아내는 절대로 받으면 안 된다고 펄쩍 뛰었다. 나도 앞으로 이런 호의를 거절하기 위해서는 좀 서운하겠지만 극약처방을 하지 않으면 안 되겠다고 생각하고 그의 아내에게 이메일을 보냈다. 그는 컴퓨터를 쓰지 않기 때문이었다. '앞으로 나에게 전화나 이메일을 통한 위로와 격려는 해주되 절대 현금은 보내지 말게. 마치 자네는 갑이고 나는 을 같은 생각이 들어 언짢네.' 이런 내용이었다. 그러자 바로 답이 왔다. 자기는 친척이나 친한 친구에게는 으레 그래 왔는데 그렇게 느끼게 했다니 미안하다는 것이었다. 그리고 우리 사이는 어색해졌다.

미국의 한 교회는 목사가 아무리 하나님께서 값없이 구원을 주었다고 해도 교인들이 믿지 않고 자기가 뭔가 하나님으로부터 은혜를 입으면 보답을 해야 한다고 생각해서 헌금을 하고 또 더 큰 은혜를 입으려면 헌금을 더 많이 해야 한다는 잘못된 생각을 갖고 있다며 그 목사는 한 주일은 교인의 교회 헌금을 금하고 출석하는 교인에게 일불씩 지폐를 나누어 주기로 했다는 것이다. 거저 받는 연습을 시키기 위해서였다. 그런데 어떤 사람은 고개를 갸우뚱하고 지폐 받기를 거절한 사람이 많았다는 것이다. 목사는 설교를 했다.

친구 김용일은 2015.8.31.
자서전을 냈다.

"꼭 지폐를 받아야 뭘 받았다고 생각하는가? 하나님께서는 우리에게 값없이 주시는 것이 많다. 공기를 값없이 주신다. 건강, 기쁨, 평화, 사랑, …. 무엇보다도 예수를 믿으면 구원을 값없이 주신다. 눈에 보이지 않은 많은 것들을 값없이 주신다. 그런데 왜 돈으로 보답하려 하는가? 돈 아닌 것을 드려라. 감사하라. 그리고 하나님을 사랑하라. 네 이웃을 사랑하라. 여러분은 헌금을 드리지만 그보다는 눈에 보이지 않은 사랑을 같이 바쳐야 한다."

성경 잠언에는 '은이나 금보다는 은총을 택하는 것이 낫다.'라는 말이 있다. 그런데 나는 친구가 보내준 것을 돈으로만 보고 그 속에 있는 우정과 사랑은 보지 않은 것 같다는 생각을 하였다. 평소 그는 모든 것은 세상에 돌려주고 가야 한다고 말하면서 그들 부부가 죽은 뒤 자신들의 시신을 모교에 바치기로 서약하고 그것을 증명하는 카드를 품에 지니고 다니는 것을 보고 나는 큰 감명을 받아 나도 우리 지역 의과대학 해부학교실에 있는 헌체운동본부에 서류를 요청하여 받아놓은 것이 있다. 그런데 아무 실천은 못하고 있다. 나는 내 좁은 소견으로 친구의 마음을 상하게 했으니 이제는 화해하는 길을 찾아야겠다. 그를 본받아 CFK(Christian Frend of Korea, 북한선교) 후원, 루게릭병에 걸려 있는 목사 가족 돕기, 기아대책이나 월드비전을 통한 세계 재난지역 후원 등을 흉내냈다고 그것이 화해의 제스처가 되겠는가?

은이나 금을 보는 것보다 그 속에 사랑을 보는 눈을 가져야 한다.

청빈낙도(清貧樂道)

청빈낙도는 우리나라 가난한 선비들이 자주 썼던 말이다. '청렴 결백하고 가난하게 사는 것을 옳은 것으로 여기고 즐긴다.'는 뜻이다. 부자로 살지 못한 실패자의 푸념처럼 들린다. 그런데 왜 청빈한 선비들은 존경을 받았을까? 그들은 덕을 쌓고 자신을 위한 치부에 눈을 돌리지 않고 어렵게 사는 사람들에게 옳게 사는 본을 보였기 때문이다. 성경에 나오는 바울은 평생 복음 선포로 다른 사람의 영혼 구제에 힘을 썼는데 자기는 어떤 궁핍에도 스스로 만족하는 법을 배웠다고 말하고 있다. 가난하게 산다는 것 자체가 탐욕을 이겨낸 도인으로 옳은 길을 권할 수 있는 자격을 갖추는 것이라고 볼 수 있다. 지난해 8월 한국을 방문한 프란치스코 교황이 '청빈은 방벽이자 어머니'라고 말한 바 있다고 들었는데 하나님께 몸 바친 사람들은 청빈한 삶이 없으면 대중 앞에서 자기를 방어하는 벽이 없는 것과 같으며 그것 없이는 성도들을 올바른 길로 인도하는 어머니 역할도 할 수 없다는 말로 생각된다. 성직자가 호화로운 주택에 살며 호화로운 차를 타고 다니며 가난한 사람들을 위한 복음을 전파해도 그것은 쇠귀에 경 읽는 꼴이 된다는 말이다. 정말 예수 그리스도를 전하려면 청빈한 삶을 살아야 하는 것일까?

나는 CCC에서 전도훈련을 받고 남의 후원만 가지고 예수님께 헌신하고 사는 자매를 알고 있다. 1976년 한남대학교 CCC 간사로 와서 봉사하다가 지금은 4자녀의 어머니가 되어 있다. 그녀는 같이 CCC 간사로 함께 있던 신랑과 결혼했는데 밥 그릇 둘, 국 그릇 둘, 물 컵 두 개로 방 하나 딸린 옥탑 방에서 신혼살림을 시작했다. 성경에서 말한 대로 이 세상의 모든 것을 버리고 주를 따랐다. 시골에서 택배로 올라온 쌀과 반찬은 학생들을 불러다 먹이고 일주일 분량의 장을 봐서 만든 반찬은 이삼 일 만에 남의 입에 들어가도, 나머지 날은 없는 대로 만족하며 살았다. 마트에서 반짝 세일로 몇 개 한정으로 파는 세일 상품 방송을 하면 물건을 고르되 늦게 올 사람을 위해 좀 못한 것부터 샀다고 한다. 그것이 성경의 말씀이었고 CCC에서 가르쳤던 삶의 방법이었다.

그러나 나는 두 사람이 지금까지 간사로서 일정한 수입이 없이 교회 봉사나 후원금만으로 살고 있는 가난한 삶이 불안하고 안타깝다. 그런데 더 대책이 없다고 생각한 것은 그들에게는 귀여운 딸과 아들이 있었는데 다 자라기도 전에 또 다른 아이들을 입양한 것이다. 지금은 아들 딸 둘을 입양해서 여섯 가족이 살고 있다. 하나님이 귀하게 여기는 생명을 자기들이 돌보기 위해서였다. 식구의 빨래만 해도 큰일이었다. 애들의 털옷, 털모자, 목도리, 장갑, 심지어 부츠, 실내와, 운동화도 모두 손빨래를 하는데 작은 세탁기로 돌려 빠는 양말만 42짝인데 어디로 빠졌는지 그 짝을 한 번도 제대로 맞춘 적이 없었다고 한다. 옛날 순장, 순원으로 대학에서 자기에게 신세를 졌던 학생들은 졸업하여 직장을 갖거나 잘 사는 남편을 만나 부유하게 지내고 있다. 그런데 내가 아는 이 자매는 옛순원들이 자기들만 잘 사는 것이 미안해 보내온 후원금으로 생활을 유지하고 있다.

그런데 이번에는 어느 선교사가 와서 캄보디아에서 국제대학을 세우는데 도와 달라고 하는 요청을 받았다. 그래서 며칠을 고민하더니 그것이 하나님의 뜻인 것으로 알고 순종하겠다고 작은 집을 청산하

캄보디아에서 부르는 Love Song에서

고 통장도 정리하여 캄보디아로 떠났다. 그런데 나는 8개월 만에 국제대학을 세우겠다고 간 그곳 선교지를 떠나기로 했다는 그들의 편지를 받았다. 아무 곳에 연락도 못하며 그곳에 묻혀 하루 12시간씩 일만 했는데 그것이 자기가 남의 이용물이 되고 있었다는 것을 알았다는 것이다. 지금은 프놈펜에 가서 어학연수를 하고 정식선교사가 되겠다고 했다. 청빈은 가난한 사람에게 다가가는 통로

요, 그것은 그들을 인도할 수 있는 어머니 같은 손길이라는데 어떻게 되는 것일까?

"교수님^^답답해 보일 수도 있지만 교수님도 아시다시피 고난은 축복의 통로로 반드시 돌아오잖아요. 여기 저희가 교제한 선교사님들이 모두 그렇게 살아왔더랬습니다. 저는 이때를 잊지 않을 것입니다. 가난하고 한 치 앞도 모르지만 주님의 인도하심을 언젠가는 간증할 날이 오겠지요. 너무 염려마시고 깊은 중보기도를 부탁드립니다."

이것이 마지막으로 그녀에게서 받은 편지다. 하나님 보시기에 귀한 삶을 살려면 사람이 보기에는 어리석게 살아야 한다. 나는 그의 편지 내용이 응답되기를 위해 기도할 뿐이다.

그는 넘어지나 아주 엎드러지지 아니함은
여호와께서 그의 손을 붙드심이라.

이 사람을 보라

　우리나라는 세계에서 두 번째로 많은 선교사를 해외에 파견하고 있는(지금은 6위라고도 함) 나라다. 그런데 나는 오늘 국내에서 만난 미국 선교사 한 분을 소개하고자 한다. 계의돈(Robert Louis Goette)이라는 독일계 미국 교육선교사다. 1953(24세)년에 화학으로 학위를 받은 뒤 1960(31세)년 한국에 와서 1961년부터 1987(58세)년 은퇴하고 미국으로 귀국하기까지 26년을 대학을 위해 헌신하고 귀국했다. 나는 그가 떠나기까지 그가 선교사라는 생각을 하지 못했다. 그는 대학에서 학생들을 가르치러 왔기 때문에 학생들을 사랑해서 어떻게 재정적으로 빈약한 대학의 학생들에게 철저한 실험실습을 하게 할 것인가를 걱정하여 가장 적은 시약으로 실험을 할 수 있도록 미니 실험관을 구입하여 모든 학생이 실험할 수 있는 기회를 주었다. 도서관에는 친구들을 통해 모금한 돈으로 Chemical Abstract라는 고가의 화학잡지를 구입하여 비치하고 많은 저널들은 미 화학회에 부탁하여 과월호를 구입하여 비치하기도

했다. 이런 대학에서 철저한 실험을 통해 양성된 학생들을 탐하여 서울의 한 제약회사에서는 졸업 전에 한 학생을 특채하겠다고 했지만 계 박사는 이를 불법이라고 허락하지 않았다. 할 수 없이 그 회사는 반년을 그 자리를 공석으로 두었다가 학생을 데려간 일도 있다. 그는 기독교 가치관이 철저했다.

1970(41세)년 안식년 때 그는 미국으로 가서 빌 브라이트 박사의 CCC 천막 수련회에 다녀왔는데 성령으로 거듭난 체험을 하고 한국에 와서 자기 방에 기독교 서적센터를 만들어 국내외의 신앙서적을 구입하여 싼 값으로 사서 읽게 하고, 조교를 두어 학생 신앙 상담을 하게 하며 직접 LTC(leader training course)의 초급, 중급, 고급훈련을 교직원과 학생에게 실시하여 1976년부터 1986년까지 십 년 사이에 초급 836명, 중급 329명, 고급 138명을 배출하였다.

한국 사람들에게 시간과 물질을 모두 주고 자기는 가난하게 살았다. 그는 자기 옷도 새옷을 산 적이 없었으며 언제나 시장에서 산 헌옷을 입고 다녀 소매가 짧았다. 머리도 부인이 깎았는데 뒷머리 부분이 이상하다고 말하면 "괜찮습니다. 뒤에는 눈이 없습니다."라고 웃어넘겼다. 부인까지도 교직원에게 영어로 성경을 가르쳤는데 그 집에서 쿠키와 차를 준비하고 기다려도 한 사람도 오지 않을 때도 있었지만 그래도 기다렸다고 한다.

그가 떠난 지 28년 뒤 그의 아들 목사가 루게릭병으로 생활과 자녀교육을 감당하기 어렵다는 소식을 SNS로 알게 되었을 때, 나

계의돈 박사의 장남 계 목사는 슬하에 3 남매를 남
겨 두고 2015년 8월 9일 소천되었다.

는 대학 재학 중 계 박사님을 아는 사람들에게 그를 돕자는 말을
어렵게 꺼냈는데 한 자매는 200만원을, 그리고 또 고등학교 영어선
생이었던 한 자매는 자기 노후 적금을 깨고 520만원을 보내 왔다.
이에 용기를 얻어 대학 교직원에게 그 아들을 돕자고 호소했더니
그 아들 목사의 세 자녀 대학장학금을 돕자고 기부금이 모여서 매
월 $2,000씩 앞으로 일 년은 보낼 수 있게 되었다. 성경의 전도서
에는 "너는 네 떡을 물 위에 던져라 여러 날 후에 도로 찾으리라(전
11:1)"란 말이 있다. 그는 뭔가 돌아올 것을 생각하여 학생들을 사
랑한 것이 아니었다. 그런데 물 위에 던진 떡을 도로 찾은 것이다.
그 아들은 루게릭병 판정 후 5년 반인 2015년 8월 9일 8시 37분에
"잘하였도다 착하고 충성된 종아(마25:21)"라는 음성을 들었다고
말하며 세상을 떠났다.

나는 만나보지도 못한 아들을 위해 이렇게 사랑의 빚을 갚으려

는 열정을 보고 계 박사, 이분이야 말로 진정 선교사였다고 말하고
싶다.

하나님의 역사는 지금도 계속되고 있다.

시력을 잃고 영안이 뜨인 사람

이번에 나는 묵상집을 출판해서 김선태 목사님께 보냈더니 귀한 사신(私信)과 함께 본인의 자서전과 최근에 출판한 에세이 한 권을 같이 보내주었다.

"… 우리는 1983년 미국 텍사스에서 만나 주님 안에서 서로를 위해 기도하는 그리운 믿음의 가족입니다. 대전에 갈 때마다 장로님께서 은퇴하시고 한국에 계실지, 미국에 계실지 궁금했는데 기다리던 장로님 소식과 더불어 책까지 받게 되어 너무도 반갑습니다. (텍사스에서) 말씀 전하러 갔던 저를 식사 후 숙소까지 바래다 주셨던 장로님이 그립습니다. 차에 함께 탔던 토끼같이 예뻤던 따님은 이제 세월이 흘러 중년의 여성이 되었겠지요? …"

눈이 안 보인 그분이 "토끼같이 예뻤던"이라는 표현을 쓴 것을 보고 참 김 목사님답다고 생각했다. 그는 6·25 전쟁 때 폭격을 당해 아홉 살 때 부모를 잃고 고아가 되었으며 그때 친구와 함께 뚝섬 쪽으로 놀러갔다가 버려진 포탄을 친구들이 호기심으로 만지작거린 것이 폭발하여 그들은 죽고 목사님은 시력을 잃게 되었다. 그러나 그를 만나면 실명하신 분으로 전혀 느끼지를 않는다. 학교도 장애인학교가 아닌 일반학교를 다니고 졸업해서 그런지 주변을 잘 보고 계시는 느낌을 갖는다. 제 딸도 크면 중매를 서겠다고 해서 그래 달라고 미심쩍으면서도 말했는데 실제 많은 분들을 중매했고 또 그들이 잘 산다고 한다.

자서전에도 보면 나이아가라 관광을 한 내용이 나오는데 "친구의 도움을 받아 나이아가라 폭포에 도착했을 때 나는 그 엄청난 광경에 압도당하고 말았다."라고 쓰고 있다. 그런 거짓말을? 하고 생각하다가도 아니 정말 그는 그 광경을 보고 있었을 것이라는 생각을 한다. "천지를 진동하며 위쪽에서 아래로 떨어지는 폭포 소리는 마치 하늘에서 예수님이 구름을 타고 세상에 다시 오실 때 들릴 우레와 천둥소리 같이 들렸다."는 내용은 사실이기 때문이다.

댈러스에서는 구면이었다. 나는 한국에 있을 때 내가 출석하던 교회에서 두어 번 그분을 초청해서 설교를 들었기 때문이다. 우리 교인들이 그의 인품을 닮으면 좋겠다는 생각으로 교회 당회장 목사님께 상의 드려 모셔왔던 것이다. 그는 시각 장애 때문에 많은 고통스런 삶을 살았다. 숭실고등학교 3학년 때 학사고시제도가 생겼는데 시각장애인은 시험을 볼 수 없다는 단서가 있었다고 한다.

그는 매일 오후 문교부(현 교육부) 장
학관실에 가서 시험을 보게 해 달라
고 호소했는데 들어주지 않자 33일
째는 칼을 품고 가서 함께 죽자고 칼
을 휘둘러 모두 도망갔는데 문교부
출입기자들이 장하다고 직접 당시 문
교부장관실로 안내해서 허가를 받
아 시험을 치르게 되었다고 한다. 그
때도 기도할 때 "끝까지 싸우면 이길
것이다."라는 하나님의 음성을 들었
다고 그는 후에 고백하고 있다.

김선태 목사님은 2013년 11월
20일 '땅을 잃고 하늘을 찾은 사
람 제 15쇄를 발행했다.

　그는 이렇게 해서 숭실대학교 철학과를 나오고 외국에서는 매코
믹신학대학원에서 목회학 박사를 받았다. 또 시각장애인들의 실명
예방과 개안수술, 그리고 복지를 위해 실로암안과병원을 세우고 오
랫동안 원장으로 수고하고 계신다. 우리는 미국에서 귀국 후 아내
의 육순을 기념하여 1인당 30만원의 개안수술비 7명분(생일이 7일
이었음)을 가지고 그분을 만나고 싶어 병원에 찾아가 드린 일이 있
다. 나는 그분을 보면서 하나님께서 시각장애인을 위해 우리나라
에 보내신 사자라고 확신한다. 고아가 된 그는 친척 집을 찾아갔으
나 말로 할 수 없는 학대를 받고 거지가 되어 살면서 용광로 같은
사회에서 연단을 받아 정금 같은 신앙인으로 거듭난 것이다. 그는

눈으로 보지는 못하지만 하나님의 은혜를 깨닫는 영안을 갖게 되었다. 세상을 보는 눈과 뛰어난 기억력도 실명 때문에 왔다고 생각한다. 나는 그를 보면 눈으로 볼 수 있는 내 자신이 부끄러울 때가 있다.

나, 남이 못 본 것을 보았고, 나, 남이 듣지 못한 음성 들었고,
나, 남이 받지 못한 사랑 받았고, 나, 남이 모르는 것 깨달았네.
(송명희의 시에서)

당회록

　나는 2014년 11월 11일 전북 금산에 있는 금산교회의 〈이자익 목회자상 수상 감사예배〉에 참석한 일이 있다. 이자익 목사는 내가 다니는 교회의 초대 당회장이셨고, 대전노회의 초대 노회장, 대전신학교의 초대 교장, 대한예수교장로회 총회장을 3번이나 지내신 분으로 그분의 덕을 기리기 위한 것도 있지만 그분이 목회하시던 교회에서 예배를 드려보고 싶어서였다. 특히 이 예배는 '이자익 목회자상 수상'을 기해 1925년 발행한 〈대한예수교 장로회 예식서〉에 기록된 예배순서를 기준으로 예배의식을 거행한다고 해서 옛 교회의 삶을 느껴보고 싶어 꼭 참석하고 싶었다.

　이자익 목사는 경남 남해군 섬에서 출생하여 여섯 살에 부모를 잃고 고생하다가 17살에 육지로 나와 전전하다 김제군 금산사 길목의 거부였던 조덕삼 지주의 마방에서 마부로 일하면서 예수를 믿게 되었다. 조덕삼의 호의로 그의 사랑채에서 1904년 선교사 최의덕(L. B. Tate)에 의해 예배를 드리게 되고 이듬해 조덕삼의 과수원에서 다섯 칸짜리 예배당을 마련했는데 이렇게 해서 금산교회는 시작되었다. 따라서 이 교회의 역사는 당시까지 110년이 되는 셈이다. 세례를 이미 받았던 조덕삼, 이자익, 박화서는 1906년 집사로 임명을 받았으며 1907년에는 조덕삼, 이자익이 영수로 임명되어 설교까지 맡게 되었다. 이해 6월에는 장로 투표가 있었는데 마부 이자익이 장로가 되고 주인 조덕삼 씨는 낙마하였다. 그러나 조덕삼 씨는 이자익을 격려하고 후에 평양신학교까지 보내어 공부를 하게 하고 목사 안수 후 1915년 본 교회 목사로 초빙하였다. 이자익 목사도 훌륭했지만 조덕삼 장로의 예수를 닮은 품성을 더 흠모하는 사람이 많다.

나는 이분들이 시무하던 'ㄱ'자 교회(남녀가 서로 보지는 못하지만 중앙 강대상의 목사님만 바라볼 수 있게 지은)의 남자 쪽 마루에 앉아 1908년판 찬송가의 "높은 일홈 찬송하고"를 부르고 1906년판 성경으로 마태복음 22:11-14를 읽었다. 잠자리채로 구제연보를 하고 "예복을 입으라."는 제목으로 이자익 목사가 강도한 설교를 이인수 목사가 낭독하였다. 성찬식은 우리나라 전통 떡으로 하고 포도즙은 우리나라 대접에 담은 것을 줄을 서서 나가 조금씩 마시고 돌아왔다. 얼마나 정겨운 예배인지 알 수가 없었다. 이 교회는 한수(漢水) 이남에서 원형이 가장 잘 보존되어 1997년 10월 전북문화제 제136호로 지정되기도 했다.

특히 인상적인 것은 그 교회에 남아 있는 당회록이다.

"김 아무개와 김 아무개 모친은 가정불화에 관하여 권면하고, 김 아무개 댁 김 아무개는 부모에게 불효하고 주일을 범함으로 회개할 동안 성찬에 불참케 한다. 김 아무개는 주일을 범하므로 권면하고 이 아무개는 도박한 일로 출교하고, 박 아무개는 귀신을 공경하므로 출교하고, 김 아무개는 도박 일로 학습 제명하고, 조 아무개는 신앙생활을 심사하기 위해 호출하기로 가결하다."라고 1921년 당회록은 기록하고 있다.

김제시 금산면의 'ㄱ'자 금산교회. 한남대학교 은퇴교수가 2015년 문화 탐방을 갔다.

지금도 이와 같은 당회록을 쓰고 있는 교회가 있다면 모든 교인들이 교회를 떠나고 남아 있는 교인이 몇 되지 않을 것이다. 지금은 가정이 불화해도, 부모에게 불효해도, 물질의 우상에 취해 있어도 권면하지도 않고 교회에서 떨어져나갈까 두려워하는 형편이다. 재력 있는 대어를 낚으면 구원과 신앙의 진보에는 관심이 없는 교회가 되어버린다.

　이번에 이자익 목사가 시무했던 대전신학교의 26회 동문인 김귀환 선교사를 발굴해 제4회 목회자상을 주게 된 것은 참 잘한 일이라고 생각한다. 그는 총회 파송선교사로 필리핀 민도로 섬에서 산족을 상대로 농지 개간, 학교 설립 등 그들과 함께 20여 년간을 살아온 숨은 봉사자이다.

　나는 포장이 내용보다 요란하고 물질이 영혼을 앞서는 요즘 우리들의 교회가 하나님만을 섬기고 따르던 옛 교회의 모습을 회복해서 갱신된 교회의 모습을 되찾으면 좋겠다는 생각을 하게 되었다.

그러나 너에게 나무랄 것이 있다. 그것은 네가 처음 사랑을 버린 것이다

하나님이 인정하신 일꾼

아내가 홀로 공부하는 나를 돕기 위해서 초등학교 4학년의 막내아들을 데리고 미국에 온 것은 1977년 10월 1일이었다. 영어도 모르고 비행기도 타보지 않은 아내가 애를 데리고 김포공항을 떠나 일본, L.A.를 경우 디트로이트까지 오는 것은 쉬운 일이 아니었다. 그러나 무사히 도착했고 젊은 학생들의 도움으로 미시건 주립대학이 있는 이스트 랜싱까지 잘 도착했다. 그때는 한창 가을이 무르익어 경치가 좋은 때였다. 10월 10일 아직 미국 생활에 익숙해 있지도 않은데 랜싱한인침례교회의 의사인 장 박사 댁에서 이른 저녁 초대를 받고 난 뒤에, 바로 대학 음대 강당에서 있었던 한국 비엔나소년합창단 23명의 공연을 관람하게 되었다. 모두 한국에서는 경험할 수 없는 황홀한 광경들이었다. 특히 장 박사 댁 저녁 초대에는 참석 교인마다 선물을 가지고 모였는데 그것이 다 우리 새살림을 돕기 위한 선물들이었다. 그것을 '이사샤워'라고 했다. 흔히 미국에서는 결혼하는 사람이 받고 싶은 선물이 있어 백화점에 그물품을 알려 놓으면 백화점은 이 선물들을 전시하고 하객들이 다 하나씩 사주는 일이 있는데 이것을 웨딩샤위(wedding shower)라고 한다. 그런데 우리 이사에 도움을 준 선물은 있지도 않은 이사 샤위를 만들어 우리 부부를 도우려고 한인교회의 송용필 목사님이 꾸민 이벤트였다.

그분은 우리를 도우시는 구호천사였다. 기도하다가 그 일이 옳다고 생각하면 저지르고 보는 분이었다. 내가 아내를 데려오기 위해 재정보증이 필요해서 그분과 상의했을 때 그는 김장환 목사의 처남인 허브(Herb Steventh) 씨에게 부탁한 모양인데, 쉬 서류를 보내주지 않자 목사님 가족 전체와 나를 데리고 7시간이나 걸리는 미시건 최북단에 있는 수세인마리(Sault Ste. Marrie)까지 가자고 했다. 그때 큰애와 큰딸 그리고 갓난애인 막내딸은 있었는지 기억이 잘 나지 않는다. 나는 사모님이 불평을 않고 따라와 준 것도 이해가 되지 않았다. 그런데 휴게실에서 쉰 다음에 나더러 운전하고 가자는 것이었다. 나는 그때 운전 면허증도 없을 때였다. 내가 고속도로에서 어떻게 그 가족들의 안전을 책임질 수 있겠는가? 그는 무모하리만큼 대범했지만 나는 그 뜻은 따를 수 없었다. 그는 밥존스 대학에서 수학하면서 교육학을 전공하는 아내를 만나 결혼했는데 그때도 용감히 총장께 편지를 써서 졸업식이 끝나면 바로 자기들 결혼주례를 해 달라고 부탁해서 많은 졸업생들을 하객으로 오후 3시 30분에 결혼식을 올린 사람이다. 또 젊어서 중앙대학교 상과대학에 다닐 때는 신입생인데 대학신문 수습기자로 있으면서 3·15 부정선거 당시 대통령 후보로 출마했던 조병욱 박사가 미국에서 병으로 사망해서 한국으로 돌아오자 그의 빈소를 찾는 임영신 총장을 수행해서 가다가 차 속에서 혈서를 쓰는 사람을 보고 자기도 손가락을 깨물어 종이에 "아아… 땅을 치며 통곡할 일이어라…"라고 써서 붙였다가 학교에서 추방당한 일도 있었다. 그가 뒤에 한국외국어대학교로 옮겨 국가 대여장학금을 신청할 때는 재정보증이 필요했다. 그런데 아무도 재정보증을 해주는 사람이 없었다. 그는 수원시장에게 편지를 내서 도움을 요청했다. 그래서 그 시장 동생의 재정보증을 받은 일도 있다. 그는 누구든 능력이 되면 옳은 일을 하는 사람을 당연히 도와야 한다고 생각하는 분이었다. 모든 사람은 하나님의 자녀이기 때문에 서로 도와야 한다고 생각한 것이다.

송용필 목사는
2014년 11월 25일 〈갚을 길 없는 은혜〉를 출판하였다.

그 후 2007년 한국으로 돌아와서 횃불신학대학원대학 대외협력 부총장으로 취임한 뒤 나는 그분을 다시 만나게 되었다. 그 동안 한국, 중국, 세계로 모금과 선교활동을 많이 하고 계셨다. 특히 그의 소원이던 북한선교를, 극동방송국 부사장이 되어 열심히 수행하고 계셨다. 나는 그분을 볼 때마다 하나님께서 인정하신 일꾼은 부끄러워하지 않고 너무나 당당하다는 것을 알게 되었다. 지금은 청소년 선교단체인 아와나한국(AWANA KOREA) 총재, 극동방송 부사장, 횃불신학대학원대학 대외협력 부총장, 하계올림픽 목사로 올림픽마다 유명한 선수들의 간증집회로 선수촌 사람들에게 선교하는 등 맹활약 중이다. 나는 그런 분을 알게 된 것을 자랑스럽게 생각한다.

하나님께서 인정을 받은 일꾼은 하는 일마다 부끄러울 것이 없다.

신호 대기 중

우리 교회에는 감수성이 예민하고 시를 잘 쓰는 부목사가 한 분 있다. 이분은 7년간 교회를 섬겨 왔는데 지난 4월 27일 자기 페북(facebook)에 〈신호 대기 중〉이라는 시를 올렸는데 이것은 우시장에 끌려가려고 대기 중에 있는 소의 사진과 함께 실린 것이다.

창문에 비친/구원을 갈망하는/슬프고도 애절한 눈빛을 보았습니다.

이렇게 시작하는 시였는데 이 애절한 눈빛은 팔려가는 소에서 구원을 외치는 눈빛을 보았다는 것이다. 여기서 그는 예수께 구원을 외치는 듯한 방황하는 영혼의 눈빛을 본 것이다. 추수할 것은 많은데 일꾼이 적다는 성경의 말씀을 생각한 것 같다. 멸망으로 가는 신호 대기 선에서 구원을 외치는 애절한, 그런데 이것은 자기가 이 교회에 머물지 말고 일꾼으로 나서라는 예시였던 것 같다. 3월19일에도 옆에 있는 대전신학교의 그림을 페북에 올렸다. 푸른 하늘을 이고 있는 아침 전경이라고 쓰고 있는데 오랫동안 다니던 학교를 떠나게 될 것이라는 것을 예감하고 있었던 것 같다. 그는 이번에 같은 노회 산하에 있는 시골 교회에 목회자로 부름을 받게 되었다. 얼마나 다행한 일인가? 요즘은 교인 50명만 되는 교회라도 목회자 초빙공고를 내면 100명 이상 지원서가 답지한다는데 얼마나 감사한 일인가? 우리 개신교만 하더라도 매년 신학교 졸업생 수는 6,000명이어서 해마다 적체되는 목회자 수는 300명이 넘는다고 한다.

하긴 이 교회도 소문만 듣고 지원한 목회자가 여러 명 있었다고 한다. 그러나 하나님께서 우리 부목사를 미리 예비시키셨다고 생각한다. 그곳은 교회에 목회자의 문제가 있어 교인들이 모두 떠나가고 열 명도 남지 않았는데 그 중에 반수는 농아라고 한다. 그것은 두 아들의 엄마인 부목사의 아내에게 미리 수화를 잘하도록 훈련시킨 것과도 연관이 있다고 생각한다. 하지만 이 미자립교회에 노모와 두 아들을 데리고 떠나게 하신 하나님은 "내가 어린 양을 이리 가운데로 보냄과 같도다." 하고 걱정하셨을 것임에 틀림없다고 생각한다.

이 시대에 누가 이리인가? 예수님 당시에는 예수를 구세주로 인정하지 않고 '세상을 어지럽게 하는 자'라고 잡아 죽일 생각을 하고 있는 로마 정치인들과 그 밑에서 기득권을 즐기고 안일한 종교생활을 하는 유대종교 지도자들과 과거의 율법에 얽매어 해방되지 못한 종족들에게 새 계명을 가지고 천국을 선포하고 병자를 고치는 일을 하도록 제자를 파송하는 것이 이리 떼 속에 어린 양을 보냄과 같았을 것이다. 구원 받을 영혼은 널려 있는데 추수할 일꾼이 부족한 때였기 때문이다. 그러나 지금은 어떤가?

추수할 일꾼들은 넘치는데 막상 추수할 대상들은 눈에 띄지 않는다. 교회의 모든 교인은, 그리고 각 마을마다 우뚝 서있는 교회는 추수할 일꾼들이다, 그리고 세상에 깔려 있는 불신자들은 추수해야 할 대상들이다.

그런데 교인은 해마다 줄어 가고 새 교인들은 생기지 않고 수평이동하고 있다. 지난 5년간(2006-2011) 개척 교회는 33%가 증가했다고 하지만 대부분 영세교회로 추수할 자력도 없이 추수할 일꾼으로 명명 받은 것뿐이다. 지금은 추수할 것은 적은데 일꾼이 많은 때가 되어 버렸다. 그래서 어린 양이 추수자로 교회에 나가는 것은 범람한 추수자들에게 먹히지 않도록 조심하는 일이 되었다.

새롭게 교회를 맡아 떠나가는 교역자를 위해 나는 기도한다. "두려워하지 말라 나 여호와가 너를 도울 것이라"라는 이사야 41장의 말씀을 붙들고 기도한다. 추수꾼끼리 싸우지 말고 눈을 씻고 구원에 갈급한 '슬프고도 애절한 눈빛'을 길거리에서 보아라. 남의 교회 넘보지 말고 추수할 것이 없으면 이삭이라도 주워라. 멀지 않아 신학교도 하나님의 강권으로 교역자의 수급조정은 이루어질 것이다. 그때까지 이겨내라.

하나님이시어, 추수할 것은 적은데 일꾼이 넘치니
추수할 대상이 보이는 눈을 주소서.

누가 사도인가

　대부분의 인터넷 웹 응용프로그램에는 '자주 묻는 질문(FAQ)'이 붙어 있어 질문을 하기 전 일단 묻고 싶은 것을 걸러내어 답해 주는 곳이 있다. 성경에 대한 질문도 이렇게 답해 주는 창구가 있었으면 좋겠다. 내가 묻고 싶은 것은 '바울은 사도인가?'라는 것이다. 물론 '사도'라는 대답이 나오면 나는 '그는 예수님의 제자였는가?'라는 질문을 또 하고 싶다. 사도는 다 예수의 제자였기 때문이다.

　제자라고 다 사도는 아니었다. 예수님 당시에 예수님의 기적을 보고 호기심에, 또 병 낫기를 위해 모여든 무리들이 많이 있었다. 그 중에 특별히 자기의 가업을 버리고 예수님을 따르던 제자들도 많았다. 그러나 주님의 어려운 교리를 듣자 ,많은 제자들은 예수를 떠났다(요6:66). 그래서 제자는 많았지만 그들이 다 사도로 부름 받지는 않았다. 예수님은 이 제자들 중에서 특별히 열둘만 택하여 사도라고 칭하셨다. 즉 사도란 예수님을 구주로 믿고 따르며 그에게 헌신한 제자 중에서 몇 사람을 불러 사도라는 사명을 주신 것이다. 예수님 자신도 하나님께서 세상에 보냄을 받은 사도였다(히 3:1). 예수님께 하나님께서 인간을 구원할 사명을 맡기신 것이다. 이와 같이 그분도 자신이 지상으로 오실 때 하나님께서 맡기신 모든 전권을 위탁받은 것과 마찬가지로 예수님도 앞으로 있을 부활의 증인이 되라고 주님의 권한으로 제자 중 열두 사람을 '사도'라고 불러 임명하였다. 그래서 사도직은 누구에게 넘겨 줄 수 있는 것이 아니며 단 한번 존재했던 직분이다. 가룟 유다가 예수를 배반하고 사도직에 공석이 생겼을 때 사도들은 어떻게 한 사람을 보충했는가? 사도는 예수님께서 세례 요한이 세례를 받은 날부터 무덤에 묻혔다가 부활해서 승천할 때까지 항상 그분과 함께 했던 제자라야 했으며 그는 또한 자기네와 함께 주님의 부활을 증언할 수 있는 사람이라야 했고 예수님께서 뽑은 사람이라야 했다. 그러나 예수님이 계시지 않은 그때 그들은 해당자 중에서 제비를 뽑아 주님의 뜻을 묻는 방법을 택했는데 그렇게 뽑힌 사도가 맛디아였다.

그런데 바울은 이 요건에 맞지 않았다. 그래서 초대교회 당시에도 바울의 사도권에 대해서는 말이 많았던 것 같다, 그래서인지 그는 책을 쓸 때마다 자기는 사도로 부르심을 받았다고 강조하고 자기는 사람에게서 임명을 받은 것이 아니고 오직 예수 그리스도와 그를 죽은 자 가운데서 살리신 하나님 아버지로 말미암아 사도가 되었다고 강조하고 있다. 자기가 사도라고 주장하는 근거는 무엇인가? 그는 예수를 박해하기 위해 그 제자들을 잡으러 가는 다메섹 도상에서 자기 이름을 부르는 부활한 예수님을 만났다. 그분이 그에게 "떠나가라 내가 너를 멀리 이방인에게로 보내리라."라고 명하셨다는 것이다. 그는 살아계신 예수는 만나지 못했지만 부활하신 주를 만났고 그분으로부터 사도로 부르심을 받았다고 말했다.

열두 사도는 맡은 바 사명을 다하고 세상을 떠났다. 그럼 지금은 누가 승천한 예수님의 부름을 받아 사도로서 천국을 선포하고 세상 끝까지 부활의 증인이 될 것인가?

2014년 10월 30일 〈제자 옥한음〉이라는 92분짜리 다큐멘터리 영화가 개봉되자 관람석은 빈틈없이 메워졌다. 처음 9명으로 시작하여 수십만 명으로 교회를 성장시킨 옥한음 목사의 이야기다. 그분은 제자훈련을 열심히 한 분이었다. 그러나 영화에서 그는 마지막에 울었다. 자녀들에게 미안해서 울고, 마지막 병실에서는 성도들을 위해 울었다고 말하고 있다. 그분은 제자훈련으로 성도는 늘고 그들의 삶에는 엄청난 지식이 쌓여 갔지만, 삶은 변하지 않은 것을 보고, 결국 바른 삶이 문제인데 집에서 좋은 아버지가 되어 주지 못해서 자녀들 때문에 울었을 것이다. 예수님께서 예루살렘교회를 보고 우셨던 것처럼 바울이나 초대교회의 모습은 보지 못하고 세상과 물질만 바라보다 괴물이 된 자기 교회를 보고 울었을 것이다. 그분은 주님의 제자인가 사도인가? 물론 사도는 초대교회 시대에 단 한번만 있었던 직함이다. 그러나 바울이 다메섹 도상에서 주님을 만나 부름을 받고 이방인에게 말씀을 전하라는 사명을 받은 사도라고 말한 것과 같이 이 시대의 사도는 있게 마련이다. 주님의 뜻을 따르는 제자일 뿐 아니라 옥한음 목사는 주님으로부터 부활의 증인이 되며 세상 끝까지 주께서 분부한 것을 가르쳐 지키게 하라는 사명을 받은 이 시대의 사도라고 나는 확신한다.

　　모든 교회의 목사들은 주님의 부르심을 받은 이 시대의 사도이어야 한다.

관점을 바꾸는 믿음

4월 26일 네팔에 선교사로 가 있는 신 선교사가 자기의 페북 (facebook)에 새로운 사진을 올렸다고 해서 들어가 보았더니 네팔의 지진으로 무너진 집들의 사진이었다. 그곳에 선교사로 가서 태권도 사범으로 주민들을 가르치며 잘 지내고 있는 줄 알았는데 26일 수도 카투만두 시내에 사역 준비 차 가족을 동반하고 갔다가 큰 위험을 경험하고 도피했지만, 아들은 뒤엉킨 도피 인파 속에서 몸에 찰과상을 입었다고 쓰고 있었다. 전날 카투만두 근교에서 진도 7.9의 큰 지진이 있었다는 뉴스를 한국에서도 알고 있는데 현지인은 뉴스에 더 둔감했던 모양이다. 숙소에서 잠을 청하다가 큰 여진으로 텐트를 들고 노숙하러 나왔는데 또 비가 많이 와 암담했던 것 같다. 이 나라는 얼마 있으면 또 우기가 닥칠 것인데 파괴된 곳과 지진으로 갈라진 지역을 복구하기도 전에 우기가 닥치면 엎친데 덮친 격으로 이 나라의 혼란은 가중될 것이었다. 화장터도 없어 죽은 사람들은 시체를 모아 태우느라 공기는 역겨워 신 선교사는 망연자실했을 것 같다. 그가 섬기고 있다고 말하는 쪼우따라 지역이 어디인지 나는 알 수 없지만 당장 급하게 도움을 요청하는 지역을 이곳저곳 다니며 무너진 교회의 기둥을 붙들고 울고 있는 모습이 안타깝다.

국제적으로 많은 구호대책 본부가 물자를 수송하고 있지만 이 나라에 지진이 심하면 가까운 공항도 안전지대라고 할 수 없다고 한다. 세계의 지붕이라고 불리는 히말라야 산을 가지고 있는 이 네팔은 인도 판과 유라시아 판이 충돌해서 히말라야 산맥을 이루었다고 알려져서 지진이 심한 곳이라고 한다. 지금도 매년 45mm씩 인도 판이 유라시아 판을 밀어 올리며 북진하고 있다고 한다. 사람들은 그런 위험을 무릅쓰고 왜 거기에 머물러 이민을 가지 않고 살아야 하느냐고 안타까워하는 사람이 있겠지만, 그곳을 비우고 떠날 수가 없는 곳이다. 세계의 많은 문화유산을 가지고 있는 자랑스러운 나라이기 때문이기도 하지만, 어떻게 나라를 버리고 어디로 떠난다는 말인가? 나라가 부유해지고 그 나라를 지킬 국력을 길러야 한다. 그런데 빈곤이 문제다. 영국 케임브리지 대학의 지질학 교수 제임스 잭슨 등 20여 명의 과학자들이 카투만두에 모여 곧 발생할지도 모를 지진 대책을 국가에 건의하고 떠난 지 일주일도 지나기 전에 일어난 대지진이었다. 그런데 나라에서는 어떤 대책을 강구할 능력을 갖추지 못했던 것이다. 왜 큰 재앙에 신속히 대응하지 못하느냐고 묻는 것은 홍수가 날 때마다 피해가 생기는 지역에 살고 있는 주민들에게 왜 그곳을 떠나지 못하느냐고 말하는 것이나 마찬가지다.

2015년 4월 26일 네팔에서 일어난 대지진

세계는 불공평하다. 어려운 일이 닥칠 때마다 불쌍한 생각으로 구호물품과 의약품으로 돕는 일 말고 다 함께 잘 사는 세계는 만들 수 없는 것일까? 선교사를 보내어 예수를 믿으라고 호소하면 그들은 행복하게 지내게 되는 것일까? 지구가 식어서 커다란 화석이 되기 전까지는 지각운동은 계속 될 것이며 지표면의 약한 부분에서는 용암이 흘러넘칠 것이다. 그 동안 인류가 살아남기 위해서는 살아있는 지구를 아끼고 현실을 받아들이며 함께 살아남는 일이다.

나는 친구에게 네팔 지진 사태를 이야기하며 내가 할 수 일이 하나도 없다고 말했더니 그는 기아대책기구를 통해 〈긴급구호기금〉

을 좀 보냈다고 말했다. 그것이 무슨 힘이 되겠느냐고 물었더니 그것이 그 나라를 위해 기도하는 일이고 사랑하는 일이기 때문이라고 말했다. 큰 것, 위대한 것, 세계평화를 논하지 말고 자기가 할 수 있는 일만큼 해야 한다는 것이었다. 그는 1억을 낼 수 없다고 포기하지 말고 이름 없이 구호단체 등을 통해 뭐든 할 수 있는 일을 해 보라는 것이었다. 구호만 외치지 말고 뭔가를 실천함으로 긍정적인 생각을 갖는 믿음이 필요하다는 것이다.

말과 입으로만 하지 말고 행함과 진실함으로 하자.

가나안을 보기만 하고 죽은 모세

모세는 바로의 궁전에서 40년간 공주의 양자로 양육되고, 이집트 사람의 학술을 다 배워 그 말과 행사가 능통했다. 후에 왕궁을 탈출하여 미디안 광야에서 40년간 장인 이드로의 양을 치며 살 때 팔십이 다 된 어느 날 가시나무 불꽃 가운데서 주의 사자의 음성을 듣고 이집트 바로에게 가서 노예로 붙들려 있는 이스라엘 백성들을 해방시켜 광야로 인도했다. 이는 거의 이백만이 넘는 하나님의 선민 이스라엘 백성을 약속의 땅 가나안으로 인도하는 거사였다. 그는 이집트의 바로 왕에게 열 가지 재앙을 내렸는데 그 마지막 재앙은 모든 장자와 가축의 처음 난 것까지 죽이는 재앙이었다. 이때 이스라엘 백성은 문설주에 양의 피를 바름으로 죽음을 면했는데 이것을 유월절이라 한다. 이 유월절은 이스라엘 백성을 구원하는 첫째 번 큰 사건을 기념하는 절기가 되었다. 이스라엘 백성을 노예에서 해방시켜 율법 아래 살게 한 구원사(救援史)에 큰 획을 그었기 때문이다. 이는 어린양 예수께서 1470여 년 뒤 십자가에 돌아

가시고 부활하여 자기의 피로 인류를 구속하신 십자가 사건의 예 표이기도 하다.

출애굽을 한 지 이 년여 만에 가데스바네아에 집결한 이스라엘 백성들은 가나안 정탐으로 하나님을 불신하게 되자 그분의 진노로 삼십팔 년 간 광야를 더 방황하게 되었다. 사십 년 되던 해에 다시 가데스바네아에 모이게 되었는데 군중들은 물이 없다고 또 불평하기 시작했다. 모세는 얼굴을 땅에 대고 엎드려 하나님께 간청했다. 그리고 하나님의 명령대로 백성을 모으고 지팡이로 반석을 두 번 쳤다. 그러자 물이 솟아났다. 그러나 이것은 바위에게 명령만 해도 되는 것을 하나님의 명을 어기고 그의 혈기로 두 번이나 쳤기 때문에 모세는 가나안 땅을 바라보기만 하고 들어가지 못한 채 죽었다고 한다. 그는 백이십 세에 죽었는데 눈도 흐리지 않고 기력도 쇄하지 않았다. 그는 이집트에서 학문을 닦았고 광야에서 양을 기르며 하나님의 뜻을 묵상했으며 팔십 세부터는 사십 년 간 이스라엘 백성을 율법으로 다스려 가나안 땅 입구까지 인도했다. 그야말로 약속의 땅에 들어갈 수 있는 제일호 지도자인데 하나님은 우리 인간의 생각으로는 너무 사소한 실수를 한 것 때문에 모세는 느보산 상에서 가나안 복지를 눈으로만 보게 하고 생을 마치게 한 것이다.

우리 주변에도 훌륭한 분이 일을 다 마치지 못하고 세상을 뜨는 것을 보면 안타까운 때가 한두 번이 아니다. 그럴 때는 하나님의 섭리를 이해하기가 힘들다. 그러나 하나님께서는 훌륭하다고, 그리고 열심히 순종했다고 누구나 생명을 연장해 주고 개인의 소망을 이루게 해 주는 것은 아닌 것 같다. 모세가 본향인 에덴을 상징하는 가나안 땅에 들어갈 수 없었던 것은 율법은 천국의 입구까지만 인도하는 초등교사(갈 3:24)이기 때문이 아니었을까 하고 생각한다. 가나안 땅으로 인도하는 지도자 여호수아는 따로 하나님께서 예비하셔서 가나안 땅으로 들어가는 요단강 동쪽, 제사장들이 서서 물을 마르게 했던 곳에 돌을 세우고 요단강을 건넌 서쪽 길갈에 기념 돌을 세웠다. 또 그때까지 할례를 받지 않은 백성들을 할례를 베풀어 그들을 성화(聖化)하고 오랫동안 지키지 못했던 유월절을 지켰다. 하나님께서는 율법을 상징하는 모세는 거기까지라고 생의 한계를 정하신 것 같다.

인간은 자기가 계획한다고 모든 것이 다 이루어지는 것은 아니다. 하나님께서 우리의 사람됨을 보고 그 걸음을 인도하신다. 예수 그리스도의 빛 안에서만 인생은 그 앞길을 바로 볼 수 있다. 모세는 가장 훌륭한 교육을 받고, 출애굽을 있게 한 지도자며, 십계명을 기록하고 율법을 준 지도자로 눈도 흐리지 않고, 온유한 성품이 지면의 모든 사람보다 뛰어난 분이었다. 그러나 하나님께서는 예정대로 그의 한계를 정하신다. 우리도 욕심을 버리고 주의 뜻에 순종할 수 있어야 한다고 생각한다.

내가 너에게 이 땅을 보여 주기는 하지만, 네가 그리로 들어가지는 못한다.

세상에 이런 교회도 있다

내가 존경하는 목사님이 소천된 지 6년이 좀 지났는데 그분의 기념교회가 세워졌다고 해서 가 보기로 했다. 기념교회라기보다 그 교회의 교인들이 기도하거나 회의를 하거나 말씀을 묵상하고 쉬는 처소로 교회, 숙소, 식당 이렇게 3동을 따로 세워놓은 해울(解鬱) 동산이라는 곳이다. 목사님이 생존해 계셨다면 아마 이런 기념동산을 세우는 데 반대하셨을 것이다. 그러나 그분을 존경하는 후임 목사님과 교우들이 목사님이 소천하시면서 오직 하나 있었던 집을 헌납한 돈이 씨 돈이 되어 이 동산은 세워진 것이다. 또 그 집은 목사님이 은퇴 당시 교회의 퇴직금이 너무 적어 내 아내가 친구 장로의 부인과 눈물을 흘리면서 살 집을 찾던 중 재건축 직전의 집을 구해 드린 것이어서 해울 동산은 더 가보고 싶은 곳이 되었다.

은퇴 후 목사님은 이 아파트에 사시지 않고 도정교회라는 개척교회를 맡아 토굴 같은 숙소에 사셨다. 그러나 이곳이 대전 엑스포 개최지로 결정이 되자 삼백 평의 대토를 받고 철거하게 되었다. 철거

하자 한빛아파트 부근의 노인정에서 교인 몇 사람을 데리고 교회를 계속하셨다. 나는 그분이 거기서 새로운 교회를 개척하시겠다는 말을 듣고 말렸다. 그리고 시내의 교회가 교인의 증가로 외곽지대로 옮기려 하고 있다는 것을 알고 그 목사님을 소개하였다. 지금은 천막을 치고 교회를 개척할 시대가 아니며 큰 교회와 힘을 합해 그 대토로 받은 땅을 공유해서 좋은 시설과 환경으로 교인 유치를 하라고 권유하였다. 유력한 교인은 다 떠나고 학생들만 데리고 있을 때였다. 교회를 떠난 한 여 교수가 서울에 사는 어머니 권사님을 모시고 인사를 왔었다. 그 권사는 그렇게 살고 있는 목사님이 너무 안되어 가지고 있던 돈을 다 털어 드리고 갔는데 그 후 목사님이 고맙

2002년 호주 여행 시
아들 이영현 영사의 공관을 방문했던 이
재화 목사님과 필자

다고 전화를 드렸더니 그 권사님이 다시 큰돈을 보내 왔다. 이렇게 기도로 모은 돈으로 세운 교회가 놀랄 만치 큰 교회로 성장했다. 현재 교인 3,500명 정도의 교회로 6부 예배(베데스다 노숙자 예배와 1, 2부로 보는 영어예배는 6부 예배에서 제외)를 드리고 있는데 그 저력은 목사님의 기도라고 생각된다. 나는 내 속물적이었던 생각을 지금도 부끄러워하며 그분을 통해 하나님께서 이루신 표적을 이 교회를 통해 보고 있다. 새로 영입한 당회장 목사도 전임 목사 못지않게 겸손한 분이다. 그분의 교회 운영 철학이 놀랍다.

교회의 각 부서는 자치적으로 움직이는데 예를 들면 성가대장, 교육기관의 부장 등은 구성원들이 선출하며 당회는 이를 추인하기만 한다. 교회 모든 봉사자들(지휘자, 반주자 등)은 보수를 받지 않은 자원봉사자들이다. 교회의 사찰이 없으며 교회 버스는 자원 봉사자들이 운행하고 교회 청소는 교인들이 자원 봉사한다. 교회는 조직이 필요하다. 이 교회도 조직이 있지만 화석화되지 않고 각각 생명을 가지고 살아 움직인다. 노숙자들에게 교통비를 주면서 사랑을 나눠주고자 시작한 베데스다부 예배는 한때 250명까지 되었다고 한다. 전담 교역자와 봉사자들이 이를 맡아

운영하고 예배를 인도한다. 베데스다 밴드부도 있고 찬양대도 있다고 한다. 놀랍게도 이 노숙자들 중에는 십일조 헌금을 하는 이도 있고, 또 어떤 분은 노숙자 생활을 청산하고 교통비를 받지 않고 일반예배에 참석하는 구원받은 신도가 되어 노숙자 예배 인원

이 줄고 있다고 한다. 이것이 표적(기적)이 아니고 무엇인가? 나는 해울동산을 보면 새 비전을 가진 교회가 보이고 이런 교회를 보면 천상의 은혜의 보좌가 보인다. 세상에 이런 교회도 있다. 교회를 다스리려 하지 않고 섬기려 하면 이렇게 되는 것이 아닐까?

인자는 섬김을 받으러 온 것이 아니라 섬기러 왔으며, 많은 사람을 위하여 자기 목숨을 대속물로 내주러 왔다.

3부

목사를 칭찬하지 말라

복 많이 받으세요

우리나라에서 새해에 처음 만난 분들이 주고받는 인사는 "복 많이 받으세요."이다. 미국에서는 흔히 "Happy new year"라는 의례적인 인사를 한다. "행복한 새해, 즐거운 새해"가 되기를 빈다는 말이다. 실용주의 나라답게 "하이" 하고 손을 흔들고 끝내는 인사인데 한국의 "복 많이…"는 일상화된 용어지만 명상적인 동양인답게 그래도 많은 생각을 하게 한다. 도대체 그 복의 내용이 무엇인데 복을 많이 받으라고 하는 것일까? 나는 처음에는 막연히 '福'이라는 글자가 새겨진 복주머니를 떠올리며 인사를 했던 것 같다. 그렇다면 재물 복을 흠뻑 받으라는 뜻이었을까? 복에는 재물 복뿐 아니라 '장수'의 복, '귀인'의 복, 심지어는 '처복', '자식 복' 등 수없이 많은 복이 있다. 그럼 나는 인사하면서 어떤 복을 많이 받으라고 한 것이었을까? 아니면 세상에 있는 모든 복을 통틀어 다 받으라

고 한 것이었을까?

복이란 내가 받으라고 한다고 받는 것이 아니다? 자고로 복은 인간이 줄 수 있는 것이 아니며 신이 줄 수 있는 것으로 생각해 왔다. 그래서 복을 빈다고 한다. 정화수를 떠놓고 빌 수도 있으며, 큰 나무나 바위에 깃든 신에게 빌 수도 있고, 무당을 통해 신을 불러내어 빌 수도 있으며, 부처님이나 천주님이나 예수님께 빌 수도 있다. 결국 나는 어떤 방법으로든 복을 빌어 세상에 있는 모든 복을 통틀어 받으라는 인사였을 게다.

기독교에서는 '가난한 사람'은 복 받은 사람이라고 말한다. 나는 새해에 인사하면서 가난한 사람이 되라고 하지는 않는다. 주변에 가난한 사람이 많아 나는 오히려 빚에 쪼들리지 말고 부자가 되라고 인사하고 있었다. 그러나 성경에는 "너희 부요한 사람은 화가 있다.(눅6:24)"라고 말하고 있고 또 "낙타가 바늘귀로 들어가는 것이 부자가 하나님 나라에 들어가는 것보다 쉽다(눅 18:25)"라고 부자를 경고하고 있다. 그렇다면 예수를 믿는 내가 "새해에 복 많이 받으라."고 하는 복은 무엇을 기원해서 하는 인사일까?

예수님은 가난한 사람이 복 받는다는 이야기를 주로 자기의 모든 것을 버리고 예수님만을 따른 제자들 앞에서 하셨다. 그들이 복이 있다는 것이다. 왜냐면 그들은 하나님의 다스리는 나라의 백성이 되기 위해 가난을 택했기 때문이다(하나님의 나라가 너희 것이다).

복에는 이 세상에서 누릴 물질적인 복과 하늘나라에서 누릴 영적인 복이 있다. 그러나 오직 영원한 복은 하늘나라에서 주님의 백성으로 사는 일이다. 하나님과의 깨어진 관계가 온전히 회복되어 주님의 백성으로 평화롭게 사는 일이다. 우리가 누릴 온전한 복은 그것뿐이다. 복은 하나님께서 주실 수 있고 하나님께서 주시는 복은 부분적인 것이 아니고 온전한 것이다. 무병장수, 부귀영화…, 이 어떤 것 하나가 아니고 온전히 모든 복을 주시는 것이다. 그래서 신년에 우리가 서로 주고받는 인사는 예수님의 제자가 되어 그 다스림을 받고 사는 백성이 되는 무조건적인 복이다. 내가 인사하면서 비는 복은 그런 복이다. 그러나 누가 그렇게 복잡하게 생각하며 인사를 주고받겠는가? 무슨 복이 되었던 새해에 많이 받기만 하면 된다. 그러나 내가 진정 비는 복은 예수님의 제자가 되어 누리는 복이다.

너희 가난한 사람은 복이 있다.
하나님의 나라가 너희의 것이다

흑백 논쟁

    한 교회에서 가끔 청백으로 나누어 초여름에 운동회를 하는 경우가 있다. 종합성적으로 우승하면 상품이 푸짐하다. 그래서 양 팀에서는 열띤 응원을 한다. 그런데 만일 양 팀이 하나님께 기도하면서 자기편을 도와 꼭 이기게 해 달라고 하면 어떻게 될까? 한 교회의 한 하나님인데 어느 편을 들어야 할지 하나님도 난감할 것 같다. 하나님이 자신은 아무 편도 아니라고 한다면 흑백 논자들은 하나님을 회색분자라고 비난할 것이다. 흑 아니면 백인데 아무 편도 아니면 양다리를 걸치는 회색분자이기 때문이다.

    여호수아는 모세를 대신하여 이스라엘의 지도자가 되어 하나님의 말씀에 순종하여 가나안 땅으로 진군하였다. 요단강을 말리고 길갈에서 제단을 쌓았다. 이 일로 아모리 사람들은 마음이 녹아 이스라엘 사람들 때문에 정신을 잃었는데 이런 적기에 여리고를 공략하지 않고 여호수아는 모든 남자에게 할례를 받게 했다. 광야에서 이스라엘 백성들이 할례를 받지 않았기 때문이다. 하나님이 약속하신 가나안 땅에는 할례 받지 않고 들어갈 수 없는 일이었다. 그런데 여리고 공략을 앞둔 여호수아에게 칼을 빼들고 자기 앞에 선 사람이 나타났다. "너는 우리 편이냐? 우리의 원수 편이냐?"라고 여호수아가 물었다. 이 때 만일 그가 자기편이 아니라고 했다면 단칼에 그를 베었을 것이다. 흑 아니면 백이기 때문이다. 그의 대답은 흑도 백도 아니며 "아니라 나는 여호와의 군대 대장으로 지금 왔느니라."라는 답이었다. 백 편도 흑 편도 아닌 하나님 편에 있었던 것이다. 여호수아가 바로 땅에 엎드려 절하고 그에게 이르되 "내 주여 종에게 무슨 말씀을 하려 하시나이까?"라고 했다.

미국의 제16대 대통령 에이브러햄 링컨이 노예해방의 남북전쟁 때 전세가 불리해졌다. 그때 링컨의 참모가 "각하 하나님은 우리 편에 계실까요, 남군 편에 계실까요?"라고 물었다고 한다. 링컨의 대답은 "나는 그런 것 가지고 고민하지 않네. 내 고민은 하나님이 우리 편에 계신가, 적의 편에 계신가 하는 것이 아니라 내가 하나님 편에 있는가? 그렇지 않은가 하는 것이네."라는 것이었다고 한다.

흑백론 자는 자기 뜻대로 되지 않으면 하나님을 원망한다. 하나님이 자기편이 아니라고 생각하기 때문이다. 부르짖으면 응답하시겠다는 하나님은 어디 계신가? 구하면 주신다는 하나님이 안 주시니 어떻게 된 것인가? 모든 것을 은사로 아낌없이 주신다는 하나님은 과연 계시는가?

우리는 일상생활에서 하나님의 인도를 구한다. 언제 앞으로 갈 것인가? 언제 기다릴 것인가? 언제 "예" 하며, 언제 "아니오" 할 것인가? 그러나 하나님의 인도를 구할 때 가장 중요한 것은 하나님의 지혜와 놀라운 뜻에 나를 맡기는 일이다. 주님은 내 인생의 설계자이시며 완성자이시다. 주님은 내 상담자이시고 내 필요를 채워 주시는 공급자이시다. 흑이냐 백이냐를 가르고 상대방을 저주하는 것은 하나님의 사랑을 모르는 인간의 이기적인 생각이다.

운동경기에서 내가 이기게 해 달라는 기도는 미숙한 어린애가 하는 기도이며 스스로 부끄러워해야 한다. 그러나 얼마나 많은 시간 동안 우리가 주님은 보좌에 올려드리지 못하고 내가 보좌에 앉아 그분을 하수인처럼 대했는지 알 수 없는 일이다.

여호수아는 손에 칼을 든 천사에게 물었다.
"너는 우리 편이냐? 우리 원수 편이냐?"

하나님은 팔 일째에 무엇을 하셨는가

불신자가 제일 믿기 어려운 것이 하나님이 6일 만에 세상을 다 만드셨다는 것이다. 첫째 날에는 빛(낮과 밤)을 창조하시고 하나님이 "보시기에 좋았더라."고 만족해 하셨다. 둘째 날에 궁창(궁창 위의 물과 아래의 물), 셋째 날에 육지(육지의 식물과 바다), 넷째 날에 해, 달, 별, 다섯째 날에 하늘에 사는 동물(조류)과 바다에 사는 생물(어류), 여섯째 날에 육지에 사는 동물과 사람을 만드시고 만족해 하셨다. 하나님께서는 그가 하시던 모든 일을 그치고 일곱째 날에는 쉬셨다.

하나님은 전지전능하셔서 할 수 없는 일이 없다. 그분은 엿새 동안에 만족할 만큼 천지를 창조하셨다. 천지를 창조하시기 전에 그분은 무엇을 하고 계셨는가? 그분에게 '그 전'은 없다. 천지를 창조하기 시작한 때가 시간의 시작이다. 기독교인들은 이것을 곧이곧대로 믿는가? 그렇다. 성경의 첫 책인 창세기의 시작하는 글은 "태초에 하나님이 천지를 창조하시니라(창1:1)."라고 쓰고 있다. 기독교인들은 이 선언을 의심하는 자들이 아니라 이 선언을 믿고 따르는 자들이다. 구약성서에 예수에 대해 예언한 것과 신약성서에서 예수가 행한 일들을 본 뒤 천지창조를 믿는 자들이 아니라 먼저 이 첫 선언을 믿고 보며 사는 자들이다.

그런데 의심하는 자들은 또 묻는다. 그럼 하나님은 누가 창조하셨는가? 그는 창조될 수 없는 창조자이다. 즉 '스스로 있는 자(출 3:14)'이다. 그는 시간 안에 존재하지 않으며 시간 밖에 있는 자다. 시간의 흐름에 따라 만물은 부패한다(엔트로피는 증가한다.). 그러나 시간 밖에 있는 그는 영원하다. 시간 안에서처럼 어떤 원인이 있어서 그가 존재한 것이 아니기 때문이다.

그는 6일 동안에 만족할 만한 천지를 지으셨다. 그래서 7일에는 쉬셨다. 이제는 이 천지를 바라보며 안식할 일만 남아 있었다. 그런데 세상 사람은 7일째는 안식하고 제8일에는 무엇을 하셨느냐고 묻는다. 그러면서 하나님은 8일에도 일을 계속하였으리라고 말한다. 그분은 세상을 99% 완전하게 만들고 안식한 것이 아니다. 또 세상을 창조하는 데 힘들어서 재충전하려고 쉬신 것도 아니다. 정말 창조의 일을 완전히 마치고 쉬신 것이다. 지금 천국이라는 곳이 있다면 그런 곳에서 하나님은 안식을 취하고 계셨던 것이다. 그곳은 환난이나 질병, 기근이 없고 지진이나 재난이 없으며, 사망이나 애통하는 것이나 곡하는 것도 없는 보시기에 아름다운 곳에서 안식하고 계셨던 것이다.

하나님을 떠난 인간의 속성은 일을 해야 산다는 고정관념을 갖고 있다. 따라서 그에게 비친 하나님도 자기처럼 수고하고 일하는 하나님이며 미완성의 천지창조를 위해 다시 일하실 것이라고 생각한다. 그러나 하나님은 선하시고 사랑이셔서 자기 말을 듣지 않고 떠난 인간들에게 7일째는 쉬라고 하신다.

구세주인 예수가 지상에 오셔서 안식일에 병자를 고쳤을 때 유대인들이 힐난하자 그는 "아버지께서 이제까지 일하시니 나도 일한다(요 5:17)."라고 하셨다. 여기서 말하는 아버지가 하시는 일은 우리가 생각하는 일과는 다르다. 우리 인간은 피곤해도 일을 하면서 이 일만 끝나면 꼭 쉬겠다고 말한다. 그러나 그 일은 끝나지 않는다. 안 끝나는 것인지 자기가 만들어 일하는 것인지 끝없는 일 속에서 지쳐 쓰러진다. 일 중독, 도박 중독, 알코올 중독, 섹스 중독에 걸려 있다. 그러나 하나님은 제 7일에는 쉬라고 하신다. 자기가 만든 에덴동산으로 돌아와 그와 함께 화평을 누리고 살자고 하신다. 죄를 깨닫지 못하는 인간을 위해 유일한 아들 예수 그리스도를 지상으로 보내 십자가에 죽게 하면서까지 회개하고 자기에게 돌아오라는 구원사역을 하고 계신다. 그리스도 안에서 우리를 택하시고 그 기뻐하신 뜻대로 우리를 예정하여 그리스도로 말미암아 우리를 자기의 아들들이 되게 하시는 일을 멈추지 않고 계신다. 이것이 하나님이 제 8일째에 인간을 위해서 하고 계시는 일이다.

세상 사람들이 믿지 못하는 천지창조를 믿고 따르는 기독교인들이 하나님이 주일에는 쉬라고 하시는데 왜 주일에는 하나님의 말씀을 묵상하고 말씀 안에서 하나님을 만나 천국을 체험하고 살지 못하고 행사와 이벤트와 봉사에 평일보다 더 바쁜 생활을 하고 있는지 알 수 없는 일이다.

태초에 하나님이 천지를 창조하시니라.

목사를 칭찬하지 말라

"칭찬은 고래도 춤추게 한다."라는 말이 있다. 이것은 칭찬에 인색한 사람들을 향해 하는 말이다. 고래가 춤을 추면 좋은 일일까? 춤을 추어서 칭찬을 하는 것인지, 칭찬을 해서 춤을 추는 것인지 모르지만 바다를 자유롭게 헤엄치고 다녀야 하는 고래가 춤을 춘다는 것은 고래를 인위적으로 조작하는 인간의 못된 취미다. 그런데 목사를 칭찬하면 목사도 고래처럼 우쭐해져서 춤을 춘다. 그래서 마귀가 지극히 높은 산에 가서 천하만국의 영광을 보여 줄 때처럼 취하여 춤을 춘다. 어떤 교회의 강대상 위 책 받침대 위에는

"목사님, 우리로 하여금 그리스도를 보게 하소서."라는 글귀가 씌어 있다고 한다. 강대상 위에 서면 칭찬을 받기 쉽고 그렇게 되면 목사의 사

명을 망각하게 되기 때문에 위험하다는 이야기다. 예수님이 오천 명을 먹이는 표적을 행했을 때 그는 군중들이 와서 자기를 억지로 붙들어 임금으로 삼으려는 줄 알고 그들을 해산시키고 제자들도 바다를 건너 멀리 보낸 뒤 자기는 기도하러 올라가셨다. 십자가에 죽어서 백성을 구원해야 한다는 사명을 다짐하기 위해서였다.

첫째로 목사를 칭찬하여 그를 맹목적으로 추종하는 사람이 많아지면 그 목사는 자기 본래의 사명을 망각하게 된다. 강대상에서 성경의 말씀을 바르게 풀어 가르쳐 주는 것만이 목사의 사명이 아니다. 말씀은 인터넷이나 TV를 통해서도 많이 듣는다. 그러나 그 말씀을 어떻게 행하며 사느냐 하는 것이 문제다. 양들은 그렇게 사는 목자를 보고 따르고 싶어 한다. 교회 밖에서 가난한 자를 찾아가고 병든 자를 방문하며 저는 자를 고쳐 뛰게 하는 생명력을 넣어주는 목자를 원하고 있다. 직장에서 힘들게 일하며 새벽기도, 주일예배, 수요예배, 금요예배, 구역예배, 노방전도, 주일학교 봉사 등에 일일이 참석하지 못해 죄의식에 헤매고 있는 신도들을 만나 그들의 멍에를 벗겨 주어야 한다. 섬김을 받는 자가 아니라 섬기는 자의 모습을 보여야 한다. 인도의 마하트마 간디는 어떤 어머니가 자기 아들이 단 과자를 너무 많이 먹어서 이 버릇을 고쳐 달라고 말했다. 간디 선생님의 말씀이면 듣겠다고 했기 때문이다. 간디는 보름 뒤에 다시 오라고 했다. 그리고 그때 아들에게 단 과자를 먹는 것을 끊으라고 했다고 한다. 왜 보름 전에는 안 되었는가? 그는 자기가 단 과자를 먹고 있었기 때문에 그것을 끊고 가르치기 위해서였다고 한다. 우리에게는 그렇게 본이 되는 목자는 없는 것일까?

둘째로 목사를 칭찬하면 안 되는 이유는 칭찬 받는 목사는 한국 교회를 망치는 주범이요 자신도 화를 받을 것이기 때문이다. 간디는 "나는 당신들의 예수를 좋아하지만, 당신들의 기독교인은 당신들의 예수와는 너무 다르기 때문에 싫어한다."라고 말했는데 예수를 닮은 기독교인을 양육하지 못한 첫째 원인은 목사에게 있기 때문이다. 권위와 자존감을 내세워 전혀 겸손하지 않기 때문이다. 목사가 되면 당연히 칭찬을 받고 모든 교인은 자기의 목회를 도와야 한다고 생각한다. 그래서 주일학교 교사, 성경공부 지도자, 교회 봉사자들은 자기가 목회하는 액세서리라고 생각해서 그들과 함께 동역하는 청지기 의식이 없다. 지금 교회 밖에는 무임 목사가 수천 명이 있다. 그들은 교회가 없는데도 칭찬 받는 목사가 되려고 기다리고 있다. 그 자리에 서기만 하면 대접받고 살 수 있기 때문이다. '선지학교'라고 신학교에서는 목사 되는 것을 가르치고 목사 자격을 갖추어 졸업시킨다. 그들에게 예수 닮은 삶을 사는 것을 가르쳐 내 보내지는 않는 모양이다. 예수 닮은 삶을 사는 것을 가르쳤다면 세속적인 직업을 가지고 어느 교회든 나가서 교회교사도 되고 성경공부 교사도 되고 또 봉사도 기꺼이 맡아 해서 많은 교인들을 예수 앞으로 인도하였을 것이다. 예수님께서는 마태복음에서 여덟 가지 복을 선포하셨는데 누가복음 6장의 평지 설교에서는 네 가지 복과 네 가지 화를 선포하셨다. 예수님을 따르기 위해 모든 것을 포기했던 제자들에게 내리는 네 가지 복과 그를 따르기 위해 어떤 것도 포기하지 않았던 자에게 내린 네 가지 화이다. 그 마지막 화는 다음과 같다. "모든 사람이 너희를 칭찬하면 화가 있도다."

예수를 따르는 사람은 미워하며, 멀리하고, 욕하고, 그를 버리는데 그는 칭찬을 받았기 때문에 화가 있다고 선언하신 것이다.

교만은 패망의 선봉이요 거만한 마음은 넘어짐의 앞잡이다.

변곡점(變曲點)과 사순절

일차방정식을 그래프로 그리면 직선이 된다. 이차 정식은 오목하거나 불룩한 그래프, 삼차방정식은 오목하고 볼록한 것이 연속된 곡선이 된다. 이때 오목한 선을 따라가다가 볼록한 그래프로 옮겨가는 경계점이 있는데 이 점을 변곡점이라고 한다.

논리학에는 대머리 논법이라는 것이 있다. '머리카락이 100개밖에 없으면 대머리다.'라고 하자. 그럼 101이면? '대머리다.' 102이면? '대머리다.' 이렇게 올라가면 계속 대머리이며 대머리에서 대머리 아닌 것으로 되는 머리카락의 개수를 찾을 수 없다. 개별적으로는 맞지만 종합적으로는 맞지 않은 대머리 오류다. 즉 변곡점을 찾을 수 없다.

우리나라처럼 사계절이 분명한 나라에서는

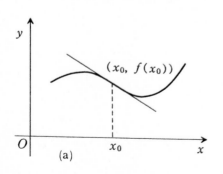

(a)

겨울에서 봄으로 옮겨가는 변곡점도 찾을 수 있을 것 같은데 이것도 대머리 논법의 오류처럼 그 날짜를 찾기가 어렵다. 친환경적 삶을 살던 옛날에는 들녘에 아지랑이가 피어오르고 하늘에서는 종달새가 지저귀며 목덜미에 훈훈한 봄기운이 느껴지고 들뜬 처녀가 오색 댕기를 칠렁이며 들로 나물 캐러 나가면 봄이라고 느꼈는데, 요즘은 건물의 숲에서 시끄러운 교통소음을 들으며 황사에 시달리느라 봄을 느낄 수가 없다. 그러나 어둠에서 밝음으로 옮겨지는 변곡점은 아마 해가 떠오르는 시각으로 한다면 가능할 것 같다.

기독교에는 사순절이라는 것이 있다. 예수님이 무덤에 묻혔다가 부활한 날 전 사십 일을 정하여 부활절을 준비하며 기다리는 절기이다. 이 세상은 아담이 타락하여 지상으로 쫓겨나 그 후손들이 살고 있는 죄인들의 세상이다. 그리고 사탄은 그 죄인들을 다스리는 왕이다. 죄인들은 그들 스스로가 죄인이라는 것도 모르고 어둠 속에 살고 있기 때문에 하나님은 이들을 측은히 여기시고 구원하기 위해 그의 아들 예수를 이 세상으로 보내셨다. 신이 인간의 몸을 입고 내려오신 것이다. 사탄은 자기 왕국을 보호하기 위해 "네가 하나님의 아들이면 여기서 뛰어내리라.", "네가 너를 구하여 십자가에서 내려오라."는 등 온갖 유혹으로 예수가 인간이기를 포기하고 신성을 들어낼 것을 종용했지만 그는 인간의 구원사역을 완성하기 위해 죽어 무덤에 묻히기까지 하나님께 순종하였다. 신이 죽는다는 것은 있을 수 없는 일이다. 그러나 빛으로 오신 예수는 끝까지 인간으로 어둠의 권세인 죽음 속에 묻히게 된 것이다. 한때 사탄은 승리한 것 같았으나 그 어둠의 권세는 예수의 부활과 함께 물러나게 되었다. 부활의 아침 그는 사망 권세를 이기고 무덤에서 일어나 부활하셨다. 이것이 예수가 십자가에 죽고 하나님께서 예수가 하나님의 아들인 것을 확증하기 위해 그를 부활시켰다고 성경은 말하고 있다.

나는 이 부활의 새벽을 어둠에서 빛으로 나아가는 변곡점이라 부르고 싶다. 이날이 어둠이 물러나고 밝음이 시작되는 점이다. 죄를 회개하고 예수님께 나아가는 빛의 자녀들이 어둠을 물리치게 되면 이 흑암의 세상에서는 육체의 정욕은 사라지고, 안목으로 말미암아 생기는 온갖 유혹도 물러나며, 명예와 권력을 탐해서 생기는 모든 죄악도 사라지게 될 것이다.

기독교인들은 사순절 기간 동안 사탄인 원수를 다 이기고 무덤에서 살아날 예수를 고대하며 지낸다. 그러나 부활은 변곡점이 될지라도 그것은 어둠을 물리치는 시작에 불과하다. 사순절은 예수님이 재림하여 사탄의 세력을 심판하는 마지막 날도 "주 예수여, 어서 오십시오."라고 말하며 기다리는 절기가 되어야 한다.

어둠은 빛으로만 물리칠 수 있다.

말로만 하는 전도

새해 벽두에 우리는 늘 생각한다. 어떤 세상이 우리에게 열릴 것인가? 세상은 더 살기가 좋아질까, 아니면 더 극악무도해질까? 남북 간에는 화해의 무드가 열릴 것인가, 험악한 대결 무드로 치닫게 될 것인가? 교회는 교회답게 될 것인가, 더욱 추악해져 추락할 것인가? 정치는 권력을 휘두르는 무대가 되고, 남을 무너뜨리고 자기가 득세하려는 이전투구의 장이 될 것인가, 국민을 걱정하는 성숙한 정치가 될 것인가? 불확실한 미래는 희망의 새해인가, 절망의 새해인가?

현인에게 물으면 "둘 다 맞다."라고 대답할 것이다.

세상은 날로 극악무도해지며, 북한은 시시때때로 불바다 위협을 계속할 것이며, 교회는 돈과 권력으로 무너지며, 정치인은, 국민은 안중에 없고 자기 안위와 득세의 꿈을 못 버릴 것이기 때문에 암울한 미래가 될 것이 분명하다. 그러나 사회는 남을 돕고 자기를 희생하는 많은 미담이 넘치고, 조건 없이 북한을 돕고 대화의 손길을 뺏는 일은 계속될 것이며, 교회에는 우리 안에 있는 예수 그리스도의 능력이 마귀의 세력을 이길 수 있다고 믿는 많은 젊은 목사들이 있으며, 부패한 정치인들을 위해 기도하는 많은 교인들이 있기 때문에 희망의 새해가 될 것이라는 생각도 맞다.

많은 일들 중에 기독교인들은 새해에 교회는 어떻게 변해야 할 것인가를 생각해야 한다. 필립 얀시는 기독교 신앙에 접근하는 두 부류의 사람들을 구별하면서 전기 기독교인들(pre-Christians)과 후기 기독교인들(post-Christians)로 나누었는데, 전기 기독교인들은 예수를 마음을 열고 받아들이며 교회에 전혀 적대감을 갖지 않는 사람들이고 후기 기독교인들은 교회에 반감을 갖고 교회에서 받은 상처를 기억하며 부정적으로 교회를 보는 사람들이라고 말한다. 지금 우리나라는 1970, 80년대만 하더라도 전기 기독교인에 속했던 사람들이 이제는 모두 후기 기독교인들이 된 것 같다. 그래서 예수를 영접하라고 전해도 시큰둥한 사람들이 많아졌다. 언제나 그 자리에 붙어 있는 그림은 안 붙어 있는 것이나 마찬가지다. 처녀에게 구혼하는 것은 신선미가 있지만 과부에게 구혼할 때는 가슴 떨리며 받아들이는 과부가 없다. 결혼이 무엇이고, 남자가 어떤 동물이며, 사랑이 무엇인지 너무 잘 알기 때문이다. 전도도 마찬가지다. 살면서 지붕에 걸린 십자가를 지천으로 보았으며 예수가 누구고 교회는 복 받는 곳이라는 말을 너무 많이 들었기 때문에 지금은 '예수천당, 불신지옥, 무병장수, 부귀영화' 등의 말을 아무리

외쳐도 그런 말은 귓등으로도 듣지 않는다. 또 축호전도, 노방전도 등의 식상한 방법도 오히려 예수 영접을 더 멀리 하게 하는 것뿐이다. TV를 틀면 유명한 목사들이 열심히 성경 말씀을 풀어 가르치고 또 박수 치고 아멘을 연발하는 교우들에게 영의 세계인 천국의 비유를 이 세상의 말과 풍속으로 비유해서 설명하느라 온갖 세속적인 유머를 동원해서 열심히 강해하고 있다. 그러나 청중들은 듣고 있으나 듣고 있지 않은 것이다. 이해할 수도 없고 그렇게 살라고 말하는 사람들 중에서 그렇게 사는 사람을 보지 못했기 때문이다. 생활화되지 못했으니 자기 마음에 옳은 대로 사는 것이다. 교회에서 편 가르고 시기하느라 예수님의 사랑은 볼 수가 없다. 오히려 집단 사기를 당해서 교회가 망하는 꼴을 보는 것이 다반사다. 예수는 좋은데 기독교인은 싫은 것이다. 이 해에는 교회가 변해야 한다. 우리나라는 부흥회 강사는 많은 데 세계적인 신학자는 없다. 그래서 '바쁜 목사는 나쁜 목사'라는 말까지 떠돌고 있다. 교회는 많은데 행사만 많지 예수 닮은 청지기들은 없다. 말로 전도하지 말고 행위로 본을 보이는 해가 되어야 한다. 십자가에 돌아가신 예수의 살이 자신의 살이며 예수의 피가 몸에 흐르고 있는지 먼저 우리를 돌아보는 일을 해야 한다. 그래서 우리 안에 사시는 예수님의 능력으로 전기 그리스도인을 노리는 마귀의 능력을 이겨야 한다. 주님의 능력이 빛이 되어, 욕먹고 핍박받으면서도 바르게 살려는 우리의 행실을 세상 사람들에게 보임으로 그들이 주님을 영접

하게 하는 것이 주님을 전하는 일이다. 말로 하는 전도를 중단해
야 한다.

나는 행함으로 나의 믿음을 네게 보이리라.

값싼 구원

　세상 사람들이 기독인들을 가장 싫어하는 것 중의 하나는 교회를 다닌다는 사람들은 한결같이 자기들은 구원의 방주에 앉아 천국을 향해 가고 있는데 다른 사람들은 물에 빠져 허덕이고 있는 불쌍한 중생으로 지옥길이 훤히 보인다고 생각하는 교만에 빠져 있다는 것이다. 그런데 세상 사람들의 눈에는 구원의 방주에 앉아 있는 사람들의 꼬락서니는 서로 헐뜯고, 중상모략하고, 금품로비와 권력다툼을 하고, 권위주의로 힘없는 사람들 위에 군림하는 것이 타락한 세상보다 더 나쁘게 보이는 것이다.

　다 그러는 것은 아니지만 왜 대부분의 기독교인들이 그런 독선에 빠져 있는 것일까? 그들은 교회에 나가 예수를 구주로 영접하는 순간 바로 구원을 받았으며 이 구원은 '마음으로 믿어 의에 이르고, 입으로 시인하여 구원되었으므로' 어떤 죄를 지어도 이 구원은 영원하다고 믿는 위험한 신념에 기인한 것이다. 그러나 예수를 믿지 않고 천국을 믿지 않은 사람에게는 아무 뜻이 없는 기준이다. 그래서 이 논리는 모든 인류는 전적으로 타락해서 죄인이라는 것과 하나님께서 주권적으로 우리의 의사와는 상관없이 우리를 선택하여 죄를 사하여 주신다는 것과, 그 죄 사함을 주실 때 우리는 거역할 수 없는 은혜를 입을 수밖에 없다는 것과 앞으로의 삶은 하나님의 인도함을 받을 수밖에 없는 것을 믿을 때 성립한다. 그런데 이를 믿지 않은 사람들을 향해 "너도 나처럼 이 구원의 방주로 올라와 구원을 받아라."라고 애처롭게 외쳐봐야 아무 소용이 없다. 누구나 다 위에 말한 기독교 원리를 믿는다고 할 수 없기 때문이다.

오래 전에 상영한 영화 '밀양'을 생각한다. 남편을 잃고 남겨진 아들과 함께 고향 밀양에 간 신애는 아들이 다니던 피아노 학원의 원장에 의해 그녀의 아들을 유괴당하고 결국 시신을 돌려받는다. 홀로 남은 신애는 고통을 치유 받고자 교회에 나가 신실한 신도가 되었는데 한번은 원수를 용서해 주어야겠다고 교도소에 수감된 그 원장을 찾아간다. 그런데 그는 그곳에서 학원장이 자기는 교화(教化)를 받고 예수를 믿어 죄 용서를 받았다고 당당히 말한다. 이것이 기독교인이 세상을 향해 당당해 진 모습이다. 하나님이 자비를 베풀고 싶은 신애보다 먼저 죄를 용서해 주어버린 것이다. 하나님은 너무 잔인하다. 그러나 하나님은 그런 분이다. 구원(용서)은 인간이 할 수 있는 것이 아니고 하나님의 주권에 속한 것이기 때문이다.

한번 받은 구원은 영원한가? 하나님은 택한 자들에게 영생(죄에서 구원함)을 주는데 영원히 멸망하지 아니할 것이요, 또 그들을 자기(예수의) 손에서 빼앗을 자가 없을 것이라고(요10:28) 성경은 말하고 있다. 또 하나님께서는 우리를 미리 예정하사 예수 그리스도로 말미암아 자기의 아들들이 되게 하셨다고 말했으며, 하나님은 미리 예정하신 자들을 그 아들의 형상을 본받게 하셨으며 또 미리 정하신 그들을 불러 의롭다 하시고 의롭다 하신 그들을 또한 영화롭게 하신다고도 말씀하신다. 이것이 성경에서 말한 한번 받은 구원에 대한 보장이다.

왜 한번 구원은 영원한 구원인가? 그들이 다시는 죄를 범하지 않도록 예수님은 천국에서 계속 하나님 곁에서 그들을 위해 기도하신다. 다시는 악에 빠지지 않게 보전되기를(요17:15), 그들이 진리로 거룩(聖化)하게 되기를(요17:17), 하나님과 예수와 그들이 다 하나가 된 것을 세상이 믿게 하도록(요17:21), 그리고 하늘나라에서 예수님께 주신 영광(榮化)을 그들도 보게 하기를 예수님은 기도하고 있다. 이렇게 구원은 그들의 의지와 행위는 상관없으며 오직 하나님 편에서 성령을 보내어 죄를 짓지 않게 하고 있다. 따라서 구원 받은 사람은 그 구원이 영원한 구원이 되게 하기 위해 옛 자아에게 사망신고를 하면 새 생명으로서의 예수가 성령으로 우리와 함께 사시며 죄에 빠지지 않게 하고 있기 때문이다.

"나는 구원받은 자"라고 주장하는 사람은 참으로 구원받은 자가 아니다. 자기는 구원받았다고 주장할 아무런 이유가 없다. 다만 그가 죽어 그 안에 그리스도께서 사셔서 자기는 불가항력적인 은혜로 살고 있다고 믿게 된 사람만이 참으로 구원받은 자다. 따라서 기독교인은 세상을 향해 구원을 말할 때에 먼저 자신이 온전히 하나님의 손에 붙들려 있는지 살펴보아야 한다.

이제는 내가 사는 것이 아니요 내 안에 그리스도께서 사신다.

찾은 자와 잃은 자

　성경에서는 예수를 모르던 사람이 예수가 지상에서 자기를 구원하려고 희생한 일을 알고 믿게 되면 '찾은 자(found)'라 하고 아직도 어둠에서 참빛을 찾지 못하고 헤매고 있는 사람을 '잃은 자(lost)'라고 한다. 이것은 기독교인의 관점에서 하는 말이다. 그러나 기독교인에게 양자는 의미심장한 차이를 준다. 하나님이 창조하신 인간은 아담이 하나님의 명령을 어겨 하늘나라에서 추방되어 하나님과 인간과의 관계가 단절되었는데 이것이 바로 어둠이며 죄악 된 세상으로, 아담의 후손은 태어나면서부터 죄인이 되어 어둠 속을 헤매고 있다. 공의로우신 하나님은 죄인을 반드시 심판해야 하는데 그들을 사랑하셔서 자기의 아들 예수를 지상으로 보내 죽게 함으로 인간의 죄 값을 대신 치르고 어둠에서 구원하려 하신다. 결국 십자가에 처형된 예수는 삼 일 만에 부활하여 종국은 천국에 가게 되었는데 그런 예수의 인간 구원 원리를 믿고 빛으로 나온 자는 '찾은 자'이다. 그러나 그를 믿지 않고 어둠 속을 헤매는 사람은

'잃은 자'로서 결국 그들은 죽어서 지옥에 갈 것이라고 말한다.

따라서 기독교인의 입장에서 세상은 빛과 어둠의 싸움터이다. 이 죄악 된 어둠의 세상을 빛의 세상으로 바꾸는 일이 기독교인의 사명이다. 때문에 어둠 가운데 있는 '잃은 자' 한 사람이라도 빛 가운데로 인도하면 그보다 기쁜 일이 있을 수 없다. 성경에도 구원이 필요하지 않은 아흔아홉 명의 선한 사람보다 구원받은 죄인 한 사람으로 인해 천국에는 그보다 더 큰 기쁨이 없다고 쓰고 있다. 그러니 '잃은 자' 한 사람을 찾으면 천국에서는 큰 잔치가 베풀어진다. 성서에는 이런 잔치를 베풀어도 참석을 거부하는 마음이 뒤틀린 사람들의 비유가 많이 나온다. 예를 들어 잔치에 초청하여도 자기는 밭을 샀으니 나가봐야 한다, 소를 샀으니 시험해 보러 가야 한다, 장가갔으니 갈 수 없다는 등의 핑계로 천국에 들어오라는 초청을 거부한다. 그래서 예수는 사람들이 천국 가고 싶어 자기를 따라 다니지만 부모, 처자, 형제, 아니 목숨까지 미워하지 않으면 자기 제자가 될 수 없다고 엄한 경고를 하기까지 하였다. 즉 우선순위를 예수 사랑하는 것에 두지 않으면 단순한 호기심으로 천국은 갈 수 없다는 말이다. 누가복음 15장에는 예수님 당시의 종교지도자였던 바리새인과 서기관들이 예수가 죄인들을 영접하고 음식을 같이 먹는다고 비난했을 때 그들을 가르치기 위해 세 가지 비유를 든 것이 있다. 잃은 양, 잃은 동전, 잃은 아들의 비유이다. 잃은 양 한 마리와 잃은 동전 하나를 찾았을 때 그들은 크게 잔치를 베풀었다고 말하며 완악한 종교 지도자들의 회개를 촉구하였다. 그들은 끝내 거부하고 예수를 십자가에 못 박아 죽였다. 셋째 비유에서는 둘째 아들이 아버지에게 자기에게 줄 유산을 미리 달라고 해서 먼 나라에 가서 허랑방탕 허비하고 궁핍해지자 회개하고 아버지 품에 돌아온 이야기다. 아버지는 그를 맞이하여 좋은 옷을 입히고, 가락지를 끼우고 신을 신기고, 살진 송아지를 끌어다가 '찾은 자'를 위한 잔치를 벌였다.

문제는 큰아들이었다. 그는 여러 해 동안 아버지를 섬겼으며 명령을 어긴 일이 없었는데 염소새끼 한 마리 잡아 잔치를 해준 일이 없었다는 것이다. 그래서 아버지가 일부러 나와 잔치에 참여하라고 권하는데도 거부하고 뒤돌아섰다. 그는 천국의 초대를 거부한 것이다. 천국에서는 둘째 아들을 맞아 기쁨의 잔치를 베풀었는데 첫째 아들은 잔치를 거부하고 '잃은 자'가 된 것이다.

양들은 길을 잃기 쉽다. 2002년 뉴질랜드의 한 목장 사진

내가 속한 교회는 교회 성장을 위해 새 교인 영입에 올인하고 분기마다 그들을 환영하는 잔치를 한다. 그런데 교회에 충성하던 중직 자들이 간혹 너무 교회 행사가 힘들어 다른 교회로 나간 일들이 있는 것을 본다. 뒤늦게 알고 권고하려 해도 너무 늦었고 또 그들의 쌓인 원한은 쉽게 풀릴 일이 아니었다. 이들도 큰아들처럼 '잃은 자'가 되는 것일까? 바라기는 그들이 옮긴 교회에서 그들도 '찾은 자'가 되었으면 좋겠다.

무릇 하나님의 나라에서 떡을 먹은 자는 복되도다.

퇴적 공간

하나님의 때는 시작이 있고 끝이 있다. 그래서 성경에는 계속 세상이 끝나는 때에 대해 말하고 있다. 하나님이 세상을 창조하시기 전 영원 전부터 시간은 있었고 하나님이 세상을 마치는 마지막 때 이후에도 시간은 계속 존재하는 것이 아니다. 사람이 날 때가 있고 죽을 때가 있는 것은 시간이 인간과 독립적이기 때문이다. 그러나 시간은 하나님과 독립적으로 서로 영원할 수 없다. 따라서 하나님의 때는 끝이 있다. 기독교인은 그 때와 시기는 언제인지 모르지만 죽어도 영생해서 주와 함께 마지막 때까지 살기를 원한다. 그러나 우리의 지상에서의 삶은 괴롭다.

얼마 전 홍익대학교 조형대학장을 지낸 오근재 교수는 노인(65세 이상)들이 갇혀 있는 『퇴적 공간(堆積空間)』이라는 책을 썼는데 그는 그 속에서 인간은 은퇴하면 노동시장에서 퇴출되어, 버려진 쓰레기처럼 퇴적 공간에 쌓인다고 말했다. 서울만 해도 탑골공원, 종묘시민공원, 서울노인복지센터 등에 할 일 없는 노인들이 우글거린다.

그도 그럴 것이 2014년 노인(65이 상)인구는 646만 명으로 전체 인구의 12.6%를 차지하며 앞으로 계속 늘어날 것이기 때문이다. 출산율은 떨어지고 노인인구는 기하급수적으로 증가하고 있다. 출산인구(0-14세) 대비 노인인구의 백분율을 노령화 지수라고 하는데 2005년 노령화 지수는 47.4였

는데 2030년의 추산은 215(215%)이다. 이 말은 2030년에는 어린이 출산인구의 2배 이상이 노인이라는 말이다. 이 노인들을 다 부양하고 살 수가 없으니 노인들은 사회의 암 덩어리다. 물론 지금도 창의적인 일을 계속하고 있는 노인도 많지만 대부분 기초연금 수급자로 별 희망 없이 세상을 살아가는 사람이 많다. 또 병이 들어 요양원을 찾는 사람이 많은데 요양원이 늘어나도 감당하기가 어려우며 지난해만 해도 노인들의 진료비가 국민 전체 건강진료비의 35.5%를 차지했다고 한다. 앞으로 이렇게 출산율이 낮은 젊은이들이 내는 세금으로 유지되어야 할 노인들이 곳곳에 쌓이는 것을 어떻게 해야 하는가? 인간은 무기물인 쓰레기와는 다르다. 늙어가는 내 몸을 어떻게 해야 할지 걱정이다.

지난 1978년에 서울시의 쓰레기 매립지로 허락이 나서 1993년까

지 15년간 서울시의 쓰레기를 버렸던 난지도에는 15년간 8.5톤 트럭 1,300만 대가 버린 쓰레기가 거의 여의도와 같은 면적의 땅 위에 98m 높이의 산을 이루어 악취를 내며 한계량을 넘었기 때문에 인천 서구로 매립지를 옮겼다 한다. 이 난지도는 지금은 월드컵종합공원 안에 노을 공원이 되어 지표상에 부스럼처럼 남아 있지만, 앞으로 바다에도, 하늘에도 버릴 수 없는 쓰레기의 산은 '내 뒤뜰 빼고' 지구상에 계속 늘어날 것이다.

이 쓰레기의 산과 노인의 퇴적 공간은 세상의 마지막 때를 향해 가고 있다. 그 속에서 우리는 "평안하다, 안전하다." 하며 장가가고, 시집가고, 부정축재하고, 권력에 아부하고, 성희롱하고 환락을 즐기고 있다. 이때에, 아기를 밴 여인에게 해산의 진통이 오는 것과 같이, 갑자기 멸망이 우리에게 닥칠 것이다. 지구의 온도는 올라가고, 엔트로피는 계속 증가하고 있다. 신·불신 할 것 없이 종말의 때는 가까워지고 있다. 2050년에는 노인 인구가 37.4%라고 추정하는데 이 군중들이 정치인들을 등에 업고 "노인 복지 보장하라!"고 외치면 정치인들은 표를 의식하고 아부할 것이며 공약에 따라 우리나라를 세계에 으뜸가는 복지국가가 되도록 입법할 것이다. 쓰레기처럼 인간 대접도 받지 못하고 퇴적공간에 쌓여 있는 우리 노인도 불쌍하고, 퇴직연금, 복지자금, 건강보험의 재원을 마련 못해 헤맬 국가도 불쌍하다.

자고 나면 두 배로 불어나는 주검의 검버섯 하나가 얼굴에 나타났다 하자. 만일 이 버섯이 하룻밤 자고 나면 두 개가 되고 또 하루 지나고 나면 네 개로 기하급수로 늘어난다고 생각해보라. 그 검버섯이 얼굴 반을 채우고 피어났다면 다음날 아침은 온 얼굴을 검게 메우게 될 것이다. 이와 같이 어떤 시기가 오면 멸망은 하루 만에 온다. 그러기 전에 우리는 지혜를 짜내야 한다.

사람들이 "평안하다, 안전하다." 하고 말할 그 때에,
아기를 밴 여인에게 해산의 진통이 오는 것과 같이,
갑자기 멸망이 그들에게 닥칠 것이다.

바쁨에서 해방되자

요즘은 모두가 바쁜 세상이다 그래서 노인들은 컴퓨터를 배워야 한다. 자녀들도 바빠서 시간을 낼 수 없기 때문에 미안해서 무얼 물어볼 수도 없다. 따라서 컴퓨터를 상대로 물어야 하는데 나이가 들면 눈이 어두워져서 컴퓨터 모니터의 글도 잘 읽을 수가 없다.

우리는 나라의 안녕과 질서를 정치인들에게 맡기고 살고 있는데 그들은 자기 일에 너무 바빠서 국민들이 안중에 있는지 의심스럽다. 정치인들은 자기 명예욕, 성취욕, 소유욕, 과시욕들 때문에 끊임없이 사람을 모아 이용해야 하는데 그러기 위해서는 체력이 첫째라고 한다. 그래서 대부분 그들은 대식가들이며 정력이 왕성하여 추한 일과 불법과 거짓말을 밥 먹듯 하고 정계 은퇴 선언 등은 손바닥 뒤집듯 하면서 매일 모여서 상대방 끌어내리는 모사에 바쁘다.

소시민들은 어떤가? 구직에 목을 매고 다니다가 일단 직장을 찾고 보면 쉴 사이 없이 눈치 보고 회사 관행을 쫓아가는 데 너무 바쁘다고 한다. 우리나라 노동자의 주당 노동시간은 평균 49시간인데 여가시간을 내기는 돈보다도 시간이 없어 힘들다고 한다. 또 직장에서의 스트레스는 어떤가? 그들은 늘 일을 핑계로 음주는 다반사고 가정에서의 대화시간은 줄어들고 있다. 가정주부들은 어떤가? 입에 풀칠을 하느라고 동분서주 시간을 못 내는 이들이 있는가 하면 음식점으로, 명품 상가로, 어떨 때는 도박장으로 뛰어다니느라 바빠 시간이 없는 이가 많다.

하나님은 6일 동안에 온 세상과 인류를 창조하시는 데 매우 분주하셨을 것이다. 그러나 제 7일에는 그 하시던 일을 마치시고 안식하셨다고 한다. 모세는 십계명을 이스라엘 백성에게 주어 이날을 거룩하게 하고 "네 아들이나 네 딸이나 네 남종이나 네 여종이나 네 육축이나 네 문 안에 유하는 객이라도 아무 일도 하지 말라."고 하셨다. 즉 그날은 바쁘게 지내지 말라는 것이었다. 이 육체적인 안식은 신약에서 영적인 안식으로 확장되었다. 즉 새 언약의 안식은 하나님과의 원래의 관계를 회복하는 영원한 안식을 말한다. 그것은 먼저 바쁨으로부터 자유로워진 상태에서 이루어지는 것이라고 나는 확신한다. 성경에는 "베뢰아의 유대 사람들은 데살로니가의 유대 사람들보다 더 고결한(more noble) 사람들이어서, 아주 기꺼이 말씀을 받아들이고, 그것이 사실인지 알아보려고 날마다 성경을 상고하였다(행 17:10)."라고 성경은 쓰고 있는데, 베뢰아의 유대인들은 하나님과의 관계 회복에 진심으로 앞선 것이다. 이는 그들의 출생이 더 고귀했기 때문이라고 한다. 다시 말하면 그들은 노예처럼 바쁘지 않고 시간의 여유를 많이 가지고 있었기 때문이라는 것이다.

나는 성경공부를 30년 이상 인도하고 있는데 이번 어버이 주일에는 열 명 중 두 명만 참석했다. 다 바쁘기 때문이었다. 하나님을 더 알기 위해 (천당 가기 위해)서는

한적한 보령시 청라면의 은행마을

주일성수뿐 아니라 성경공부를 해야 한다는 생각으로 등록은 했지만 말씀이 가시떨기 속에 떨어져 가시가 기운을 막아 말씀이 자라서 열매를 맺지 못하게 된 것이다. 왜 주일에 쉬지 못하고 이렇게 여러 약속과 제도와 행사에 얽매어 평일뿐 아니라 주일에도 바빠야 하는가? 이스라엘 백성들은 애굽에서 해방되어 광야로 나왔지만 하나님 말씀을 순종하지 못하여 40년간 광야를 헤매다가 안식의 땅에 들어가지 못하고 죽었다. 나머지는 약속의 땅 가나안을 밟았지만 또 말씀을 순종하지 못했기 때문에 영원한 안식에 들어가지 못했다. 아직 안식할 때가 하나님의 백성에게 남아 있다(히 4:9)는 것은 이들은 안식에 이르지 못했다는 것이다. 우리가 하나

님과 화해하고 영원한 안식에 들어가는 것은 베뢰아 사람처럼 바쁨에서 벗어나 시간의 여유를 가지고 이것이 그러한가 하고 하나님의 말씀을 상고하며 하나님을 갈급하는 일이다.

> 바쁨에서 벗어나 주의 멍에를 메고 주께 배우면
> 우리는 마음의 쉼을 얻게 된다.

미안합니다

　세계에서 "미안합니다."를 제일 잘하는 사람은 일본 사람이라고 한다. 부딪치면 자기가 부딪친 것이 아닌데도 똑바로 서서 "미안합니다(すみません)."라고 말하고 고개를 숙이기 때문이다. 그래서 바로 화해가 이루어진다. 얼마나 좋은 성품인가? 음식점이나 백화점에서 그들의 태도는 너무 공손하고 단정해서 본받을 만하다. 그런데 일본 총리 아베 신조(安倍晋三)는 왜 그렇게 "미안합니다. 잘못했습니다."라는 말을 안 하고 안하무인으로 당당한가?

　그것은 그의 사고와 행위가 정당하다고 생각하기 때문이다. 제2차대전은 아시아의 공영(共營)을 위해 일으킨 것이며 한국은 일본의 덕을 본 나라라고 생각한다. 한국경제가 오늘처럼 큰 발전을 이룬 것은 일본이 지도한 결과이며 한국의 눈부신 경제발전은 과거 일제강점기의 훌륭한 교육 덕분이다. 따라서 36년간의 일본 통치의 공적은 한국에 근대적인 교육제도, 행정조직, 군사제도를 심어준 데 있으며 당시의 교육을 받은 사람들이 오늘날 한국 경제발전의 주역이 되고 있는 것이 이를 입증하는 것이라고 생각한다.

위안부 문제에 대해서도 일본은 자기네가 강제로 종군위안부로 끌고 갔다는 증거가 어디 있느냐고 말하며 가난한 시대에 매춘은 매우 이익이 나는 장사였고 (위안부는)이를 피하지 않고 그 장사를 선택한 것이라는 무식한 말을 하고 있다. 실제 아베 신조 일본 총리는 2014년 10월 3일 중의원 예산위원회에서 "일본이 국가적으로 (여성을) 성노예로 삼았다는 까닭 없는 중상이 세계에 퍼지고 있다."며 일본의 아사히(朝日)신문이 일부 오보를 시인하자 이를 기회로 위안부 문제에 세계의 여론을 호도하려 했다.

일본은 독도를 지금도 자기네 땅이라고 주장하고 있으며 일본 각료들의 야스쿠니신사 참배 문제도 그렇다. 전쟁 피해국에 대한 상처는 생각지도 않고 이들 영령에게 제사를 드리고 있다. 그뿐 아니라 그들은 국회 결의로 A급 전범자는 명예가 회복된 만큼 그들은 이제 A급 전쟁 범죄자가 아니기 때문에 전쟁 범죄자를 합사했다는 이유로 총리의 야스쿠니 신사참배에 반대하는 논리는 성립하지 않는다고 말하며 아베 총리는 자기의 2013년 신사참배를 정당하다고 말한다. 한걸음 더 나아가 아베 정권은 A급 전범을 처벌한 도쿄 전범재판까지 자체 검증할 방침이라고 한다. 왜 이렇게 당당한가?

그는 야마구치 현(山口縣) 출신이며 그곳은 일본 우익사상의 본거지다. 그곳 하기 시(萩市)에 살았던 요시다 쇼인(吉田松陰)은 명치유신(明治維新)을 일으킨 많은 선각자들을 기른 사람으로 막부를 토벌하고(討幕思想), 왕을 옹위해야 한다(尊王攘夷思想)고 주장하며 '조선, 만주, 중국의 영토를 점령하여 강국과의 교역에서 잃은 것을 약자에 대한 착취에서 메워야 한다'는 정한론(征韓論)을 주장한 사람이기도 하다. 그는 이토 히로부미(伊藤博文) 등 메이지유신의 선각자들을 길러내어 그의 생가에는 명치유신태동지지(明治維新胎動之地)라고 쓰인 바위도 서 있다고 한다. 아베는 이런 야마구치 현 출신이고 요시다 쇼인을 좋아하며 전쟁을 모르는 전후 출신(1954년 출생)으로 한국에 대한 야욕을 드러내지 못해 답답해하는 우익 사상의 정치인을 대변하여 그의 당당하고 직선적인 발언과 행동으로 그들을 광분케 하고 있다. 외무대신을 지낸 아버지와 여러 번 총리를 지낸 외조부(A급 전범)와 작은 외조부를 두고 화려한 정치 편력을 하며 2006년에는 전후 최연소자로 첫 총리(90대)를 지냈으며 2012년에는 자민당 압승으로 한 번 더 95대 총리가 된 사람이다. 그래서 그는 당당하다.

예수님 당시에도 그런 교만한 사람들이 있었다. 제사장과 서기관과 바리새인들이었다. 바리새인은 서서 따로 기도하며 자기는 이레에 두 번씩 금식하고 또 소득의 십일조를 드린다고 말했다. 그는 율법을 제대로 지키고 있기 때문에 하나님께 떳떳하다는 것이었다. 그는 자기는 의롭다고 생각했기 때문에 교만했던 것이다. 그들은 백성들을 하나님 앞에 인도해야 했던 지도자들이었으며 구약에 예언되어온 메시아의 도래를 풀어 알려주어야 했던 선각자들이었다. 율법의 시대는 지났으며 고대하던 메시아가 하나님의 아들 예수 그리스도임을 알아야 했던 사람들이기도 하다. 그런데 예수님을 눈앞에 두고도 율법을 잘 지키고 있다고 자랑하는 그는 누구인가? 그는 "미안합니다. 내가 예수님과 백성을 가로막고 있었던 죄인입니다."라고 말하며 하나님 앞에 가슴을 치고 회개해야 할 장본인들이었다. 그래서 예수님은 자기는 죄인이라고 가슴을 친 세리를 오히려 의롭다고 하셨다. 자기 의(義)는 하나님의 의 앞에 무력하다. "교만은 멸망의 선봉이다." 그런데 부끄럽게도 아베 총리의 교만을 우리 주변에서도 얼마든지 보고 있다. 자기 이익을 위해 눈이 어두워진 정치인들, 하나님을 내세워 교인을 오도하는 대형 교회 종교지도자들, 하청업체에 군림하는 대기업자들, 소상인들을 울리는 대형 마트 경영자들….

그들은 당당하다. 그러나 이들이야말로 먼저 "미안합니다."라고 자세를 낮추고 고개 숙이는 연습을 해야 할 사람들이다.

사람의 마음의 교만은 멸망의 선봉이요 겸손은 존귀의 길잡이니라.

하나님의 음성

　종교인들 가운데 하나님의 음성을 들은 사람이 많다. 하나님을 대면한다는 것은 두려운 일이다. 모세가 애굽 바로의 낯을 피하여 미디안 광야로 나와 그곳 제사장의 양을 치다가 호렙산에서 불이 붙었는데 타지 않은 떨기나무 가운데서 하나님의 부름을 받게 되었다. 그는 하나님 뵙기를 두려워하여 얼굴을 가렸다고 한다. 왜 기뻐하지 않고 두려워했을까? 그분은 서로 시비를 가릴 수 있는 인간이 아니고 우리 인간을 주관하는 신이었기 때문이다. 하나님은 그에게 애굽으로 가서 이스라엘 백성을 애굽 밖으로 인도하여 내라는 음성을 들려주셨다. 그런데 그는 곧장 순종하지 않았다. 그의 순종까지의 과정은 다음과 같다. 내가 누군데 그런 일을 할 수 있겠는가? 당신의 이름이 무어냐고 물으면 어떻게 대답해야 하는가? 이렇게 60만이 넘는 장정을 인도해 낼 것을 생각하며 주저한다. 하나님께서 능력의 지팡이를 준다. 그래도 그는 말이 어둔하다고 주저한다. 드디어 말에 능한 형 아론과 함께 애굽의 바로 앞에

선다.

예수님의 어머니 마리아는 그가 요셉과 정혼한 처녀 때에 천사가 그에게 주께서 자기와 함께 하신다는 음성을 들려주었다. 그러면서 "네가 잉태하여 아들을 낳으리라."고 천사는 말했다. 이것은 청청벽력 같은, 상상도 못했던 음성이었다. 너무 두려워서 남자를 알지 못하는데 어찌 이런 일이 있을 수 있느냐고, 율법에 의하면 죽음을 면치 못할지도 모르는 상황을 직시하며 두려워 떨었다. 그러나 드디어 "보십시오, 나는 주의 여종입니다. 천사님의 말씀대로 나에게서 이루어지기를 바랍니다."라고 순종하게 되었다. 이런 순종의 결단까지 얼마나 사선을 넘는 두려움을 반복했을지 짐작하기가 어렵다.

그런데 현대 그리스도인들은 하나님의 음성을 들을 때 두려움을 모르는 것 같다. 그런 음성을 듣기를 간절히 고대했다는 듯이 바로 순종에 옮기고 있다.

2009년 교인 2,500명을 목회하고 있던 모 목사는 그 교회가 상가와 함께 있어 여러 문제로 마찰이 있는 것을 알고 괴로워하는 가운데 기도했더니 하나님께서 새 예배당을 지으라는 음성을 들려주었다고 한다. 그래서 강남 개포동에 있는 땅에 2010년 지하 5층 지상 7층의 큰 교회 건물을 짓게 되었다. 부지 1,260평, 연건평 800평, 본당 규모 3,000석의 거대한 건물을 짓게 된 것이다. 그러나 3년이 되지 못해 부채에 시달려 교회는 법정경매에 넘어가 감정평가

액이 256억 원이었는데 유찰이 거듭되어 소위 이단이라고 불리는 교회에 288억에 낙찰되어 팔리게 되었다.

하나님의 음성을 들으려고 기도회를 한다. 그러나 음성을 듣는 일은 두려운 일이다.

하나님은 내가 가고자 하는 곳에 다리를 놓아주는 분이 아니다. 그분은 나에게 은사를 주시고 그 은사를 따라 나를 그분이 쓰시고자 하는 곳에 보내기 위해 부르신다. 따라서 당황할 수밖에 없다. 내가 그 일을 감당할 수 있을지 두려워진다. 그래서 하나님이 나와 함께 해 주실지 확신을 갖고 싶어 한다. 하나님이 기드온을 사사로 부르셨을 때 그는 "감사합니다!" 하고 뛰어들지 않고 양털한 뭉치를 타작마당에 두고 다음날 아침 만일 양털에만 이슬이 있고 주변 땅이 마르면 자기가 소임을 다할 것을 믿겠다고 하나님과 겨루었다. 아침 일찍이 이 일이 사실인 것을 알자 다시 양털만 마르고 주변 땅은 이슬이 있게 해 달라고 했다. 이 무슨 불경건한 언행인가? 하나님의 음성을 듣고도 그 소명에 응답할 수 있을지 망설

였던 것이다. 그런데 현대 그리스도인들은 한 추앙하는 지도자가 하나님의 음성을 들었다 하면 바로 믿는다. 그리고 맹목적으로 그를 따른다. 하나님이 자기편인데 누가 대적하겠는가 하는 심산이다. 그러나 이것은 소명에 응하는 것이 아니고 자기 진로에 하나님을 끌어들이는 일이다.

하나님의 음성을 들으면
두려워하고, 두려워 말라는 음성을 듣기까지 기다려야 한다.

광야에서 외치는 자의 소리

왕이 행차할 때는 맨 앞에 길을 내는 길잡이인 갈도(喝道)가 소리 높이 외친다. "물렀거라." 그러면 모든 행인이 길옆으로 비켜서서 머리를 조아리고 엎드린다. 호기심을 가지고 무슨 화려한 행차가 다가오는지 기다린다. 어가를 탄 위풍당당한 왕과 깃발, 창검, 의장행렬 등으로 과연 자기네를 다스리시는 왕의 행차라는 것을 확인한다.

아브라함의 후손이라고 자랑하던 유대민족의 구세주인 예수가 나타날 때도 이렇게 그 길을 인도하는 갈도가 있었다. 세례 요한이었다. 그는 예루살렘 근교에서 외치는 것이 아니라 길도 없고 인적도 드문 광야에서 외치고 있었다. 왜 행인도 없는 곳에서 누구더러 노변에 엎드리라고 외친 것일까? 그는 낙타 털옷을 입고 허리에 가죽 띠를 띠고 메뚜기와 석청을 먹고 지내는 나실인2)이었다. 그는

---

2) 어떤 특별한 봉사를 목적으로 구별되고 스스로 과한 금욕을 자원하여 자신을 봉헌하는 이스라엘인. 독주를 멀리하고, 머리에 삭도를 대지 않고, 시체를 가까이 하지 않았다.

엘리야 선지가 마지막 기적을 행하고 이사야가 보는 앞에서 승천했던 요단강 하류에서 회개의 세례를 베풀고 있었다. 그러면서 그는 자기는 아브라함의 자손이기 때문에 선민이며 율법을 지켜 구원을 받았다고 교만을 떠는 자들에게 '독사의 자식들'이라고 꾸중하며, 회개하고 세례에 합당한 열매를 맺으라고 외치고 있었다. 세례 요한은 사람들의 호기심을 끌기 위해 그런 모습으로 광야에서 외쳤던 것이었을까? 아니었다. 그도 사람들이 많은 예루살렘 어귀에서 구세주 예수님이 오신다고 외치고 싶었을 것이다. 그런데 하나님은 요한더러 광야에서 외치는 자가 되라고 말했다. 예수님은 그렇게 오시고 그렇게 인식되고 싶으셨던 것이다. 구세주인 예수는 힘으로 다스리는 세상을 부인하고 인간의 내면을 변화시켜 거듭난 삶을 사는 새로운 백성들의 왕으로 계시기를 원하셨기 때문이다.

"물렀거라." 하고 길잡이 요한이 외친 뒤의 구세주의 행렬은 나귀 새끼 위에 겉옷을 깔고 나타난 초라한 예수였다. 어떤 유대인이 그가 자기 백성을 구원할 구세주로 믿었겠는가? 그는 자기 백성에게 고소를 받아 가시 면류관을 쓰고 십자가에 못 박혔다. 열두 시부터 오후 세 시까지 해가 빛을 잃고 성소의 휘장은 위로부터 둘로 찢어지고 예수가 "내 영혼을 아버지 손에 부탁하나이다."라고 말하고 숨을 거둘 때 이를 본 백부장이 이 사람이야말로 의인이었다고 말하고 구경하던 무리가 다 가슴을 치고 돌아갔지만, 그를 구세주로 인정한 유대인은 거의 없었다. 그는 하나님께서 살리셨지만 유대인들은 부활의 사실마저 부인하였다.

지금 우리는 매일 너무 바쁘다. 육체의 본능이 주는 쾌락과 눈으로 들어오는 세상의 환락과 남을 지배하고 싶은 권력의 마력에 우리 영혼을 팔아버리고 안이한 삶을 즐기고 있다. 보고 싶은 것, 듣고 싶은 것, 만지고 싶고, 놀고 싶은 장난감이 너무 많다. 높은 자리를 탐하여 바쁘게 사는 것에 흥분해서 광야에서 외치는 소리는 들리지도 않는다. 누가 따분한 외침을 듣고, 깊이 생각해 보고, 광야를 찾아가 자신과 독대하고 싶은 생각이 들겠는가? "네가 참생명을 얻는 길은 예수와 함께 십자가에 죽고 죄를 회개하고 거듭나서 그의 백성이 되는 것."이라고 말한들 듣기나 하겠는가? 광야의 외치는 소리에 중독이 되어 불감증이 생겨버렸다. 그럼에도 하나님은 지금도 요한에게 광야에서 외치라고 말씀하신다. 그것이 예수님이 오시는 길이고 예수님을 만날 장소이기 때문이다.

흐르는 물을 거슬러 오르면 광야에서 외치는 소리가 들린다.

4부

시끄럽다

노인들이 맞는 어린이날

　우리나라 국민의 누구에게나 공휴일인 어린이날은 노인들에게도 찾아온다. 그런데 노인들에겐 기쁘게 놀아주어야 할 어린이들이 없다. 손자 손녀들도 20대가 넘어서 벌써 어린이가 아니고 또 그들이 곁에 있다 할지라도 같이 놀아줄 힘도 없다.

　금년 어린이날에는 딸과 아들이 찾아오겠다는 연락이 왔다. 그들이 내가 놀아 주어야 하는 어린이로 오는 것이 아니라 어린이날이 공휴일이기 때문에 거꾸로 어버이를 섬기러 오겠다는 것이다. 모처럼의 공휴일인데 평소 애들 대학에 보낼 일도 힘들 텐데 왜 쉬지 않고 찾아오느냐고 말했지만 마음속으로는 기쁘다. 우리는 먼저 그들을 맞이하기 위해 청소부터 한다. 쭈그려 앉아 걸레질을 하기가 힘들어 긴 손잡이에 걸레가 붙은 청소기를 밀고 다니지만 아무래도 눈도 어두워 구석구석 깨끗하게 청소하기는 힘들다. 무엇보다도 화장실과 다용도실을 깨끗하게 해야 하는데 옥시클린을 뿌려가며 청소를 해도 언제나 눈이 좋은 딸이 보기에는 흡족하지 않을 것임을 잘 안다.

다음은 무엇을 먹일 것인지 준비를 해야 한다. 애들은 밖에 나가 외식을 하자고 하겠지만 아내는 모처럼의 기회인데 자기 손으로 음식을 만들어 먹이고 싶어 한다. 해변까지 나가면 싱싱한 생물을 살 수 있겠지만 엄두를 못 내고 시내의 농수산 시장으로 가기로 한다. 그러나 수산물은 공휴일에는 공판장에 물건이 들어오지 않기 때문에 징검다리 휴일인 월요일 오후를 택하기로 한다. 그러나 어물은 만지기만 하고 사지를 못한다. 아들은 살이 통통 오른 갈치를 좋아하는데 그런 것은 냉동된 것밖에 없고 세네갈 산 원양어선에서 잡힌 것들뿐이다. 지금은 요리를 해도 옛날처럼 제 맛을 낼 수도 없으며 무엇보다도 맛을 모르겠다고 하면서도 아내는 아들이 평소에 좋아했던 해산물을 몇 개 고른다. 그래도 흡족하지 않은지 야생 닭을 바로 잡아서 파는 토종닭 집을 찾아 가자고 한다. 삼계탕에 들어갈 재료도 사서 음식 준비를 하지만 늘 않던 일이라 요리를 시작하면 피곤해한다.

어린이날에 중년이 넘은 아들과 딸이 찾아왔다. 딸은 오자마자 팔을 걷어붙이고 엎드려 청소부터 시작한다. 화장실과 다용도실이 도우미 아주머니가 다녀간 것처럼 반짝거린다. 나도 그것을 예견하고 깨끗하게 한다고 애썼지만 딸의 솜씨에 손을 든다. 나는 어린이날에 애들에게 무엇을 해 주었는가를 생각한다. 1970년 당시는 꽃동산도 놀이터도 없었으며 여름방학에 겨우 버스 타고 애들을 해

수욕장에 데려가는 것이 고작이었다. 해먹일 것 챙겨 가서 덜거덩거리는 버스에 시달리며 고생고생 뒷바라지 하고 오는 것뿐이었다. 대학에서도 미술을 하고 싶어 한 딸에게 수학을 해야 한다고 윽박지르기(자녀 학대 수준)도 했다. 내가 수학 조교였기 때문에 그 혜택을 받고 다녀야 수업료가 덜 들기 때문이었다. 아들에게도 고등

어린이날에 부모를 찾은 장녀 가족

학교와 대학 때 내가 미국에 유학을 가서 떼어 놓았기 때문에 한 번도 아버지 노릇을 제대로 하지 못했다. 그는 테니스를 하면서부터 부자가 함께 테니스하는 것이 그렇게 부러운 적인 없었단다.

이해 어린이날에 나는 어린이들의 부양을 받는 노인이 되었다. 성경의 시편 119편에는 주의 신실하심이 내게 고통이 되었다는 말이 있다. 자기 잘못을 개의치 않으시고 꾸준히 사랑하시는 하나님 때문에 시편 기자는 자기가 괴롭다고 말하고 있는 것이다. 마찬가지로 아들, 딸이 내 과거의 잘못을 탓하지 아니하고 부모를 사랑하는 것을 보고 있는 것이 마음에 찔려 아리다. 5월 가정의 달을 맞아 부모는 어린이를 사랑하여 영적인 유산을 남기고 자녀는 비록

부모가 만족스럽지 못했더라도 변함없이 부모를 공경하고 사랑하는 것을 보임으로 그 자녀들에게 또 믿음의 유산을 남길 수 있었으면 좋겠다.

나를 괴롭히심은 당신의 성실하심 때문이옵니다
(In faithfulness you have afflicted me.)

누가가 본 예수님의 사랑

나는 우리 아파트와 인접해 있는 아파트의 미용실을 잘 다닌다. 그 곳은 딸을 사랑해서 딸 이름을 앞에 붙인 '은혜 헤어샵'이다. 미용실에는 여자들의 가십이 많고 또 파마하는 약 냄새가 심해 좋아 하지 않는데 어찌된 셈인지 요즘은 이발소가 눈에 띄지 않고 미용실 때문에 도태된 상태여서 이제는 수년 간 그곳으로 단골로 출입하고 있다. 원장은 교회에 다니는 분이어서 우리 부부를 장로님, 권사님 하고 부르며 싹싹하게 굴고 있다. 그런데 요 몇 달 아내가

뇌수술을 받고 나서는 나 혼자 다니고 있다. 아내는 나 혼자 갔다 오면 미장원에서 자기에 대해서는 안부를 묻지 않더냐고 해서 아무 말이 없었다고 했더니 서운한 표정이었다. 둘째 달에도 그녀는 아무것도 묻지 않았다. 그런데 내가 자진해서 아내가 수술해서 나오지 못하고 있다고 변명할 이유가 없었다. 셋째 달에는 아내가 머리가 길어 이제는 미용원에 가서 컷을 하는 것이 좋지 않겠느냐고 해서 이제는 말해 주어야겠다고 생각했다. 아내는 1월 중에 미용실에 가겠다고 아파트를 나서다가 빙판에 넘어져 머리를 다친 일이 있었는데 두 달 동안 아무 증상이 없어 그냥 지냈는데 3월 중순에 그동안 뇌의 모세혈관에서 출혈이 있어 피를 뽑아내기 위해 입원하지 않으면 안 되었던 것이다.

요즘 상가 경기가 다 그렇지만 아파트에 있는 미용실도 경기가 좋지 않다. 너무 더우면 손님이 없고 날씨가 쾌청하고 좋으면 또 다들 놀러 나가서 한가하게 자리를 지키고 있는 것이 일쑤다. 그녀에게는 두 남매가 있는데 큰딸을 무척 사랑해서 그녀의 이름을 따서 이 미용원도 운영하는데, 그녀의 꿈이 원장의 꿈이기도 했다. 딸은 작은 교회에 나가 피아노도 치고 또 본인도 피아노를 좋아해서 고등학교 때는 서울까지 피아노 레슨을 보내며 가르쳤는데 본인도 힘 드는 일이었지만 그 경비를 대느라 수고하는 원장도 안쓰러울 정도였다. 한번은 내가 아는 서울에 있는 피아노 강사를 소개한 일도 있었는데 버스를 몇 번 갈아타는 관계로 시간이 맞지 않아 그만두었다. 그러나 우리의 소개를 무척 고마워했었다. 그런데 막상 진학은 서울을 포기하고 지방대학의 음악과를 지망했다. 피아노는 특별한 사람을 제외하고는 하향곡선을 그리고 있는 학과여서 모녀의 꿈을 이룰지 걱정이었는데 얼마 전 학교를 그만두었다고 했다. 원장은 얼마나 실망하고 있는지 안타까웠다. 그런데 최근에는 자기의 욕심을 내려놓고 모든 것을 하나님께 맡기고 나니 마음이 평안하다고 해서 잘 된 것 같다는 생각을 하고 있는 터였다.

이번에 내가 찾아갔을 때는 날씨가 화창해서였는지 머리 손질을 하고 간 중년신사를 제외하고는 사람이 없었다. 나는 원장에게 아내가 수술을 하고 입원해서 그 동안 나오지 못했다고 말하며 지금은 완전히 건강을 회복했는데 아직은 모발이 다 자라지 못해 다음 달에는 나올 거라고 말했더니 그녀는 막 울면서 그런 기쁜 소식을 왜 이렇게 늦게 전해 주느냐는 것이었다. 낙상으로 다쳤기 때문에 무슨 일이 있을 거란 생각을 가지고 계속 무슨 소식을 전해주리라고 기대했는데 올 때마다 말이 없어 무슨 나쁜 소식을 들을까봐 묻지를 못했다는 것이었다. 미장원에서는 노인이 오래 보이지 않으면 온갖 상상을 동원해서 불행을 씹어대는데 이렇게 우리를 걱정해서 좋은 소식을 기다리고 있었다는 것이 너무 고마웠다.

누가복음에는 예수님이 잡히시기 전에 겟세마네 동산에서 기도하는데 "땀이 땅에 떨어지는 핏방울 같이 되었다."라는 말과 예수를 파는 사람들이 왔을 때 제자 중 한 사람이 대제사장의 종을 쳐서 오른 쪽 귀를 떨어뜨렸는데 예수께서 그 귀를 만져 낫게 하셨다는 말이 나온다(다른 복음에는 없음). 이것은 의사인 누가만이 볼 수 있었던 예수님의 사랑이다. 마찬가지로 미용사의 눈물은 그녀만이 나타낼 수 있었던 우리를 향한 또 하나의 예수님의 사랑이고 위로임을 깨닫고 감사했다.

말 없는 눈물은 어떤 위로보다도 더 큰 위로와 평안을 준다.

주의 잔

우리 부부가 아침식사 후 커피를 마시는 것은 오랜 습관이다. 커피를 안 마시는 아들 집에 가서도 꼭 디캡(decaf. 카페인을 뺀)이 아닌 정규 커피를 마시기 때문에 우리를 위해서 특별히 커피를 준비한다. 아내는 특히 예민해서 어쩌다 디캡을 마시면 곧 알아차린다. 얼마 전 나이아가라 관광을 갔을 때는 거기서 영국에서 만든 본차이나의 머그 잔 두 개를 샀다. 잔 안쪽에 3월과 5월의 글씨가 새겨진 것이다. 3월은 아내 생일이고 5월은 내 생일이기 때문이다.

이렇게 좋아하는 커피를 아내는 뇌수술을 받은 후는 끊어 버렸다. 마시지 말라는 권고를 받았기 때문이다. 그런데 이상한 것은 마시고 싶은 생각이 사라졌다는 것이다. 물론 나도 안 마신다. 대신 우리는 식사 후 '봄들 산호초'를 마신다. 38종의 식물 원료를 채취하여 각각 따로 발효시킨 다음 만든 음료라는데 문병 온 사람이 주어 계속 마시고 있다. 즉 컵은 같은데 내용이 달라진 것이다.

이때가 고난 주간이어서 "할 만하시거든 이 잔을 내게서 지나가게 하옵소서." 하고 기도하던 주의 잔에는 무엇이 들어 있었을까를 생각하게 되었다. 예수님은 딴 제자는 좀 멀리, 그러나 그가 신임하는 베드로, 야고보, 그리고 요한은 자기가 기도하는 좀 더 가까운 곳에서 자기와 함께 깨어 있으라고 당부하고 이 세상에서의 마지막 기도를 하셨다. 그분은 하나님께서 자신에게 주신 잔을 두고 기도할 때 감람유를 짜듯 너무 힘들어 기도했기 때문에 땀이 땅에 떨어지는 핏방울 같이 되었다.

정말 왜 이 괴로운 잔을 제게 주십니까? 하나님을 영화롭게도 하지 않으며 감사하지도 아니한 인간을 사랑하시어 저를 인간의 몸을 입혀 지상으로 내려 보내 사람의 아들로, 섬기는 종으로 살게 하시더니 이제는 십자가에 달리라고 이 잔을 주십니까? 사십 일 금식 후 마귀가 저더러 돌들이 떡이 되게 하라고 말했을 때 저는 신이 아니고 저들을 구원하기 위해 온 인간으로 있기 위해 그 굴욕을 참았습니다. 이 세상의 권위와 영광을 주겠다고 자기에게 절하라고 했을 때도, 또 성전 꼭대기에서 뛰어내리라 했을 때도 저는 인간으로 이 유혹을 다 이겼습니다. 이제는 더 큰 환란이 제 앞에 있는 것을 봅니다. 가장 천하고 악한 사람이 받는 십자가형입니다. 천하를 창조하시고 다스리시는 하나님의 아들인 제가 그리고 죄 없는 제가 왜 이 고통을 당해야 합니까? 그러나 그렇게 죽으라고 이 잔을 주십니다. 저들은 제가 찔림이 그들의 허물 때문이라고 생각이나 하겠습니까? 제가 상함이 그들의 죄악 때문이라고 생각이나 하겠습니까? 저들이 죄인임을 자백하고 회개하고 돌아와야 구원을 얻을 수 있을 것인데, 이렇게 죽음의 권세에 굴복하고 죽어 가는 모습을 구원받지 못한 그들이 보라고 이 잔을 주시는 것입니까? 저들이 존경하는 율법학자들이나 제사장들이 저를 사형에 처하게 하라고 소리 높이 외치는데, 침묵하라고 이 잔을 주시는 것입니까? 갈릴리 해변에서 12사도를 뽑아 제가 세상을 떠난 뒤 아버지께서 맡기신 사명을 주고 가려는데, 한 사람은 배반했고, 그 사실을 안 다른 사도들은 누가 크냐고 변론을 하고 있었으며 지금 돌 던질 만큼 떨어진 곳에 그들을 두고 기도하라고 이르고 왔는데 잠에 취해 있습니다. 그러나 그들은 믿고 떠나라고 이 잔을 주시는 것입니까? 하나님 아버지 이 구원사역은 어떻게 되는 것입니까?

내가 그리스도와 함께 십자가에 못 박히면 죽음을 이기고
부활하신 주님이 나를 위해 일하신다.

하나님이 주신 꿈

　누구에게나 꿈이 있다. 6·25 참사를 겪는 어려운 환경에서 초등학교 교사를 하고 있던 내 꿈은 대학 교수가 되는 것이었다. 그런데 나는 나이 30대(36)에 대학교 교수가 되어 있었다. 말하자면 꿈이 이루어진 것이다. 대학에 있으면서 나는 교수들이 박사 가운을 입고 졸업식 강단에 입장하는 것을 보고 나도 미국에 가서 학위를 받고 싶다는 또 다른 꿈을 갖기 시작했다. 그런데 1982년 내가 40대(49) 때 나는 박사 학위를 받게 되었다. 두 번째 꿈이 이루어졌다. 이어 큰아들이 보스턴 대학에서 학위를 받았고, 둘째가 하버드 의대에서 학위를 받았다. 큰딸과 결혼한 사위가 UT댈러스에서 학위를 받고 둘째 자부가 UNT에서 학위를 받았다. 하나님께서는 나 한 사람에게만 학위를 주시는 것이 아니라 무더기로 풍성하게 열매를 주신 것이다. 그렇게 보면 이 꿈은 내 꿈이 아니고 하나님께서 나에게 주신 꿈이요 하나님께서 그 꿈을 이루어 주신 것 같이 느낀다. 요셉이 꿈에 해와 달과 열한 별이 그에게 절하는 꿈을 꾸었는데 이는 그가 원해서 꾼 꿈도 아니요, 프로이트가 말한 것처럼 무의식 속에서 충족되지 못한 욕구를 충족시키기 위해 나타난 꿈도 아니다. 하나님께서 꿈을 주시고 요셉이 애굽의 총리가 되기까지 그분께서 그 꿈을 이루게 하셨다고 생각한다. 하나님께서 주신 꿈은 그 꿈을 이루게 하시며 더 풍성하게 이루어 주신다.

얼마 전에는 바깥사돈을 먼저 보내시고 혼자 외로이 사시는 안사돈께서 카톡을 보내왔다.

"오 서방이 좋은 대학교에서 대학원 학과장으로 초청을 받아 오게 되어 우리 가족은 모두 감사와 기쁨 속에서 축제의 분위기가 되었답니다." 이렇게 시작한 글인데 그분은 꿈이 많던 분이다. 자신의 꿈이 아니라 자녀를 통한 꿈이었다. 초등학생인 딸을 피아니스트를 만들겠다는 꿈으로 목포에서 비행기로 서울까지 레슨을 시키러 보냈던 분이다. 국내에서도 뛰어난 음대를 졸업시켰는데도 만족하지 못해 미국으로 보냈다. 음악학 박사를 받았는데도 어머니의 딸을 위한 꿈의 문은 열리지 않았다. 결국 내 며느리인 가정주부로 들어앉힌 그 허전한 꿈이 어떠했겠는가? 그래서 맞아들인 사위가 '우리 오 서방'이다. 이제는 꿈이 '오 서방'으로 옮겼다. 성경에는 늙은이가 꿈을 꾼다는 말

카톡을 즐기는 못말리는 안사돈 강서옥 여사

이 있는데 늙은이의 꿈은 자신의 꿈이 아니라 자녀를 통해서 이루어지는 꿈일 수 있다는 생각을 처음으로 하게 되었다.

얼마 전 나는 무디신학교에서 공부를 하고 있는 조카딸로부터 자기가 펴낸 책『룻기 묵상 28일』를 받았다. 베들레헴을 떠나 이방 땅 모압에 가서 남편과 두 아들을 잃고 이방 며느리 룻을 데리고 돌아온 나오미는 고목처럼 시들어 꿈이 없는 과부였다. 자기를 나오미(기쁨)라고 부르지 말고 마라(괴로움)라고 부르라고 했던 나오미는 갑자기 이방 며느리 룻을 통해 생명이 소생하는 꿈을 꾸게 된다. 자기 남편의 친족으로 기업 무를[3] 자가 나타났기 때문이다. 슬픔이 변하여 춤이 되는 황홀한 꿈을 룻을 통해 꾸게 된 것이다. 그것은 결국 룻이 구세주 예수의 조상이 되는 놀라운 꿈이었다. '룻기 묵상 28일'은 하나님께서 조심스럽게 나오미에게 꿈을 주시고 이를 이루어가고 있는 내용을 조카딸의 성격을 따라 차분히 묵상하는 내용이었다.

다시 내 꿈을 생각하게 되었다. 하나님께서 나에게 천진난만한 꿈을 주셨다. 나는 그것이 내 꿈이라고 생각했다. 그러나 이 꿈은 내 자녀들의 꿈으로, 또 불신 가정에 뿌리를 둔 온 형제간의 꿈으로 그리고 기독교 공동체의 꿈으로 확장되어가는 것을 보게 되었다.

> 하나님은 우리 안에 계셔서 우리에게 그분의 뜻에 맞는 일을 하고자 하는 마음을 일으켜 주시고 우리의 천진난만한 꿈이 그분의 꿈이었던 것을 뒤늦게 깨닫게 해 주신다.

---

[3] 이스라엘에서는 남에게 팔렸던 모든 토지는 희년(50년)이 되면 원래의 가문에게 되돌려졌다. 그러나 땅을 판 사람이나 그의 가장 가까운 친척이 희년이 되기 전에 다시 살 수도 있었다. 이것을 기업 무름이라 하는데 무른다는 것은 돌려준다는 의미이다.

갑질 죽이기

　요즘 흔히 '갑질'이라는 말을 많이 듣게 된다. 이는 계약관계에서 우위에 있는 사람을 '갑'이라 하고 하위에 있는 상대방을 '을'이라 칭한 데서 발생한 말로 갑의 을에 대한 부당한 횡포를 말하는 용어이다. 최근 대한항공의 케네디 국제공항에서의 땅콩회항사건이 그 전형적 예이다. 일등석에 탑승했던 대한항공 기내서비스 호텔사업부본부 총괄부사장이 기내서비스가 제대로 되지 않았다고 사무장을 불러 무릎을 꿇리고 비행기를 회항시켜 예정보다 46분이나 출발을 지연시킨 일을 부사장의 직원에 대한 갑질이라고 부른다.

　이런 갑질은 어제 오늘의 일이 아니다. 우리나라의 역사는 갑질의 점철이었다. 왕과 신하, 양반과 상인, 주인과 하인, 시어머니와 며느리, 남편과 아내… 등은 모두 갑·을 관계였으며 이 사이에는 늘 심한 갑질이 있어 왔다. 그리고 그것은 당연한 것으로 알고 신하, 상놈, 하인, 며느리와 아내는 억울하면서도 참아야 했다. 신하가 옳은 말을 간하면 왕은 그를 귀양 보냈고, 원님이 예쁜 여자에게 수청을 들라 할 때 거부하면 약자는 옥에 갇혀야 했다. 첩 자식은 벼슬을 못하고 억울한 종살이를 해야 했다. 시어머니에게는 구박을 당해도 당연했으며 남편에게는 어느 경우든 열녀가 되어야 했다. 왜 '아니오.'라고 해야 하는데 '예'라고 말해야 하는가? 왜 '예'인데 '아니오.'라고 대답해야 하는가? 많이 피지배자로 살아야 했던 우리는 그것이 주변 어른들이 가르쳐준 약자생존의 지혜로 몸에 익혀진 생활습관이 아니었나 생각된다.

땅콩회항사건의 주인공이었던 조 부사장도 대학생 시절이 있었다.

그녀가 1999년 코넬대학에서 호텔경영학 석사과정을 밟고 있을 때까지는 그녀는 아주 인상 깊었다는 한 기자의 기사가 있다. 미국으로 교육 관련 기획 취재를 위해 그곳에 갔을 때 대학에서 그 기자에게 배정해 준 한국 유학생이 있었는데 그녀가 바로 지금 갑질의 주인공이었다. 그때 산 속에 묻힌 코넬대학에서 공부하던 그 청순하고 깨끗했던 여학생이 어떻게 폭력적인 그런 갑질 여성으로 변했는가? 2006년 대한항공 임원직으로 입사하면서 대기업 오너의 가족으로 6, 7년 사이에 승승장구 부사장까지 오르게 되었는데 그동안 아부하고 부러워하던 사원들 사이에서 겸손을 모르고 자기의 승진은 당연하며 자기는 무엇이나 할 수 있다는 오만이 싹튼 것이라고 생각한다. 결국 한국의 풍토가 갑질을 하도록 만든 것이다. 그런데 그녀는 누구나 자기를 두둔해 주고 변호해 주며 유리한 증언을 해달라고 하면 다 그렇게 순종해 줄 줄 알았는데 이번에는 경우가 달라진 것이다. 폭발 직전인 '을'들에게 그녀는 먹잇감으로 던져진 것이다. 민주국가라 하지만 권력체계에는 상과 하가 있다. 즉 갑과 을이 있기 마련이다. 그래서 갑질은 전해온 관례가 되어 있다. 그러나 갑질이 인내의 한도를 넘어서면 '을'들의 반란이 일어 날 수 있다. 며느리가 병약한 시어머니를 학대하는 것을 당연한 분풀이로 생각하며, 부인이 황혼이혼으로 남편을 골탕 먹이기도 한다. 반란은 집단적일 수도 있다. 권력의 남용, 있는 자의 횡포, 고질적인 성차별 등에 대한 반란 등이다. 이렇게 관행적으로 있어온 갑질에 왜 갑자기 철퇴가 내려졌는가?

날로 심해진 갑질에 대한 일벌백계의 철퇴가 불행하게도 김 총괄본부장 때에 내려진 것이다. 그녀는 관행처럼 온갖 방법을 다 동원해 봤지만 효과가 없었다. 결국 그들 부녀는 대중 앞에서 사과하고 눈물을 보였다. 두 살도 안 되는 쌍둥이 어린애의 어머니가 철장 신세를 진다는 것은 측은한 일이다. 그러나 이 갑질은 없어져야 한다.

예수님은 '갑'일까 '을'일까를 생각해 본다. 섬김을 받는 입장이면 분명 '갑'일 텐데 섬기러 왔다고 말하고 있으니 '을'임이 분명하다. 그러나 그는 '예' 할 때 '예' 하고, '아니오' 할 때 '아니오'라고 말해서 갑들을 당황하게 하였다. 스스로 갑이라고 하는 그들이 어둠 가운데 있는 자신을 깨닫지 못하는 것을 오히려 불쌍히 여기고, 사랑하고 오래 참으며, 측은히 여겨서 갑질을 무색하게 했다는 것은 그분은 언제나 을이면서 갑이었던 것이 분명하다.

나라가 바로 서려면 고질적인 갑질이 없어져야 한다. 그러려면 언제나 갑이었던 예수님이 "인자(예수)는 섬김을 받으러 온 것이 아니라 섬기러 왔다"는 말을 했다는 것을 기억하고 우리도 그렇게 겸손하고 섬기는 자세로 살아야 한다.

세상을 변화시키는 사람은 다스리는 자가 아니라 섬기는 자다.

시끄럽다

사람은 두 사람 이상만 모이면 서로 기선을 잡으려고 싸운다. 계급이 분명한 직장에서는 상관이 기선을 잡고 칼을 휘두르며 아래 직원은 눈치를 보며 순종하거나, 술집으로 달려가 스트레스를 풀거나 우울증에 걸리거나 아니면 인내심을 가지고 언젠가는 복수하리라고 이를 갈며 지낸다. 이것은 자기 의지를 갖고 꿈틀거리는 생명체면 누구나 겪는 일이다. 쇼펜하우어는 이를 '권력에의 의지'라고 불렀다. 권력의 특징은 1%가 99%를 지배하고자 하는 욕망이다. 대통령이나 그룹 회장이나 심지어 대학 총장까지도 일인자가 되면 밀림의 왕자처럼 왕이 되어 명령을 하달할 뿐이다. 그러지 않으려고 애쓰는 것은 도덕률이나 윤리의식으로 자기 본능적인 욕망을 제어하는 것이지만 이것은 한계가 있다. 이성은 맹목적인 생의 의지를 설득할 수가 없다. 맹목적 삶에 대한 의지와 인식의 불화 때문에 인간은 고통 받고 다른 존재와 끊임없이 갈등한다. 따라서 의지 세계에서 인간은 행복할 수 없다.

99%에 해당하는 직장인은 어떻게 해야 행복할 수 있는가? 수시로 솟아나는 본능적인 의지를 죽여야 하는데 살고 있는 동안은 그럴 수가 없다. 직장에서 귀가하면 이 스트레스를 피할 수 있고 미운 사람을 안 봐도 된다. 그러나 부부는 어떻게 할 것인가? 화성에서 온 남편과 금성에서 온 아내가 만나서 사는 한 공간인데, 각각 그들의 생래적인 의지의 노출이 없을 수 없다. 한 말을 탔으니 고삐는 남자가 쥐어야 하겠다고 말할 때 "당신 힘내세요! 아내가 있잖아요." 하고 사랑으로 감싸주고 위로하는 이해심이 많은 아내가 있다면 얼마나 좋겠는가? 그러나 한순간 그렇더라도 그것이 얼마나 계속되겠는가?

우리 교회 목사 사모는 휴가 때 친정은 말할 나위도 없지만 시집에 가도 그렇게 좋을 수가 없다고 한다. 거기 가면 시어머니를 붙들고 말 안 들어주는 남편에 대해 호소할 수 있기 때문이다. "여자의 머리는 남편"이라는 성경 말씀으로 세뇌를 당해 목사 사모로 그 속에 갇혀 살기가 얼마나 힘들겠는가? 사랑해서 결혼은 했지만 이렇게 불통일 줄은 몰랐다고 할 것이다. 그래도 숨구멍이 트일 것 같아 시어머니에게 자기의 답답함을 하소연하면 시어머니는 "네가 참 힘들겠다."라고 며느리를 위로하며, 때로는 목사에게도 세심하게 아내에게도 신경을 써 주라고 주의도 준다고 한다. 신이 나서 자기의 생각을 계속 개진하여 목사를 비난하고 있으면 시어머니는 끝내는 "시끄럽다!"는 한 마디로 대화를 끝낸다고 한다. 그러면 상황종료다. 결국 목사도 시어머니도 '갑'이 되고 사모는 '을'로 추락한다. 성경의 권위라고 억압되어버린 목사 사모의 여자로서 살고자 하는 삶의 의지는 여기서 끝난다.

나는 자식들을 다 출가시켜버리고 노부부 두 사람이 살고 있다. 그래서 두 사람의 대화가 막히면 온 가정이 불통가정이 된다. 그런데 다행히 나는 아내에게 군림하고 싶은 생각이 없다. 그래서 아내는 신이 난다. 우리 가정에서는 말은 같이 탔는데 아내가 고삐를 쥐고 있는 것이다. 아내는 "내 말 들어서 잘못된 일이 있느냐?"고 말한다. 그 말은 맞는 말이다. 나는 사회생활에는 한 마디로 무식하다. 모든 것이 서툴다. 그래서 그녀는 나를 아이들 다루듯 한다. 내가 외출이라도 할 때면 "옷을 다 입고 나면 반드시 거울 앞에 서서 매무시를 단정히 하세요. 가시는 길은 알고 있겠지요? 다시 말하지만 운전할 때 길을 자주 바꾸지 마세요. 도착하면 손을 씻으세요. 그리고 전화 잊지 말구요. 친구를 만나면 남의 말만 듣고 자기 말은 하지 마세요…" 이렇게 문을 나서기 전까지 계속 주의를 준다. 그럼 나는 나도 모르게 "시끄럽다!" 하고 극약처방을 한다. 이성으로 나를 잘 다스리고 있다고 생각하지만 아내로부터 자유롭고 싶다는 의지가 발동한 것이다. 그러나 나는 운전하고 가면서 내가 또 갑질 한 게 아닌가 하고 후회한다. 어떻게 하면 이 갈등의 세상에서 벗어날 수 있는가? 쇼펜하우어의 어려운 말에 의하면 "예술로써 이념을 조망하고, 동정심으로써 의지의 지배에서 벗어나고, 삶의 의지를 부정하는 형이상학적 금욕을 실천한다면 고통과 갈등 없는 세계 인식이 가능하다."라고 한다. 그러나 나는 그런 어려운 용어를 이해할 수 없다. 성경에는 "여자의 머리는 남자요, 남자의 머리는 그리스도"라고 말하고 있다. 그런데 그리스도는 결코 왕으로 이 세상에 오지 않고 종으로 왔다. 그리스도의 리더십은 섬김의 리더십이었다. 그래서 나는 아내의 머리지만 나는 또 예수 그리스도가 머리라는 것을 깨달으면 명령하는 리더십이 아니라 섬기는 리더십을 사모하게 된다고 생각한다.

각 남자의 머리는 그리스도요 여자의 머리는 남자요
그리스도의 머리는 하나님이시라

한 줄기 빛

　아내는 아침에 일어나자 마음이 변했다. 어제까지만 하더라도 경남 합천군 오도리 이팝나무를 보러 가지고 지대한 관심을 보이더니 떠나는 날 하루 앞두고 생각을 뒤집은 것이다. 나이가 많은데 두 시간 반이 걸리는 곳까지 이팝나무를 보러 가는 것은 무모하다는 것이었다. 우리는 가끔 논산에서 대전으로 가는 4번 국도를 달리다가 유성으로 갈 때는 유성대로를 타고 구암역 쪽으로 가는 경우가 있는데 최근 가로수로 심은 나무에 아카시아 꽃도 아닌 하얀 꽃이 탐스럽게 핀 것을 보고 그 꽃 이름을 알고 싶어 했는데 우연히 그것이 이팝나무라는 것을 알게 되었다. 그러다 인터넷에서 합천군 가회면에 있는 이팝나무를 보게 되었다. 아내는 그 그림을 보더니 그렇게 고목이 되어 있는 이팝나무를 가서 보고 싶다고 했었다. 그곳에 가면 해인사도 있고 황매산의 철쭉 군락지도 지금은 다 졌지만 승용차로 올라갈 수 있다니 한번 답사해 보고 싶다고 했었다. 그런데 하룻밤 자고 나서 마음이 변한 것이다. 나는 '할 수 없

다는 할 수 있다'로 '두렵다는 새 힘을 얻는다'로 생각을 바꿔야 한
다고 말했다. '미국 자녀들 집을 방문했을 때를 생각해 보라, 그때
는 gps(네비게이션)가 없을 때도 둘이서 여행하면서 주 경계선을 지
날 때마다 안내소에 들러 무료 지도를 받아 당신은 지도를 읽고
나는 운전하면서 며칠씩 자고 다니지 아니했느냐? 보스턴에 가서
는 캐나다의 빨강머리 앤의 고장 프린스에드워드 섬, 노바스코샤
의 캐이프 브리턴 국립공원, 타이태닉호 유물을 포함한 해양박물
관이 있는 핼리팩스 다운타운 등을 섭렵하며 다니지 아니했느냐'
고 이야기했으나 별 효과가 없었다. 그때는 젊은 때였고 지금은 다
르다는 것이었다. 나는 우리는 꺼져가는 등불이 아니라고 말했다.
지금도 거뜬히 드라이브할 수 있으며 맑은 공기를 마시며 노변의
신록을 즐기며 대화하고 다니면 위에서 주어지는 새 힘을 얻을 수
있을 것이라고 했다. 젊어서 인생을 즐기고 늙어서는 추한 몰골로
땅에 묻히기를 기다리는 인생이 되지 말고 비록 육체는 낡아갈지
라도 그 속사람은 날로 새로워져서 다른 사람들에게 나이 들어 새
로운 세계를 기다리며 살아가는 귀한 모습을 보여야 하지 않겠느
냐고 말했다. 아내는 좀 누그러진 듯했다. 딸에게 전화를 해보더니
딸도 아버지 말대로 다녀오라고 했다는 것이다. 너무 집안에 있으
면 모든 의욕이 소멸된다는 것이었다.

　나는 용기를 얻어 내가 들은 예화를 말했다. 어떤 노인이 어린
매를 잡아다가 17년간 가두어 길렀더니 이제 잘 걷지도 못한 늙은

매가 되었다. 그래서 하루는 불쌍하여 밖으로 내보내줄 생각으로 가지고 나갔는데 매를 풀어 놓아 주어도 날아갈 생각도 못하고 있었다는 것이다. 그런데 구름이 걷히고 한 줄기 햇빛이 비쳐오자 이 매는 하늘을 향해 솟아올랐다는 이야기다. 매는 자기가 속한 곳이 어디인지를 알았던 것이다. 나는 아내에게 땅만 보지 말고 늙어서도 하늘에서 내비치는 햇살을 보고 힘을 얻어 끝까지 보람 있게 살아보자고 말했다.

다음날 우리는 합천군의 이팝나무를 향해 떠났다. 그런데 두 시간 반 만에 도착해서 본 한 그루의 이팝나무는 벌써 시들어서 볼품이 없었다. 화강암 돌비에 '보호수'라고, 2005년 11월에 합천군수가 서명한 것이 있었고 광고판에 이 나무는 경남기념물 제134호라고 되어 있으며, 높이는 15m, 둘레는 2.8m로 당산목으로 심은 것 같다고 씌어 있었다. 이팝나무에 대한 전설은 많은데 입하목(立夏木)에서 온 것이라는 말도 있지만 사람들이 만들어 낸 전설이 더 재미있다. 시골처녀가 이곳에 시집을 왔는데, 늘 꽁보리밥으로 끼니를 잇다가 조상의 제삿날 처음으로 흰 쌀밥을 지었

합천군 오도리의 이팝나무,
경남기념물 134호

는데 그것이 설익으면 어쩔까 시어머니의 노여움이 걱정이 되어 뜸이 다 들 무렵 잠깐 뚜껑을 열어 한 두알 손에 찍어 입에 넣었는데 마침 시어머니가 그것을 보고 조상에 올리기도 전에 계집이 밥을 입에 넣었다고 너무 구박이 심해 뒷산에 가서 목메어 죽었는데 그 자리에서 자란 나무가 이팝나무가 되었다는 것이다. 그래서 꽃이 피면 마치 밥그릇에 소복한 흰밥처럼 핀다는 것이다. 이팝나무 꽃이 잘 피면 그해 풍년이 든다고 알려져 있는데 이 이팝나무 꽃은 가물면 꽃이 잘 안 피며 또 비가 너무 많이 와도 안 되고 꼭 적절하게 비가 와야 꽃이 예쁘게 핀다고 한다.

나는 한물 간 이팝나무의 사진을 찍어 왔는데 어찌된 것인지 인화하고 나니 꼭 꽃이 핀 것처럼 잘 나왔다. 집에 와서 인터넷으로 이 나무를 검색해 보았더니 전국에 보호수로 등록된 것만도 여덟 개가 되었으며 그곳보다 훨씬 가까운 고창에도 있었다. 고창 중산리(수령 250년), 순천 평중리(400), 진안 평지리(280), 김해 주촌면(500), 광양 유당공원(70), 양산 신전리, 김해 신천리(600) 등이 그것이다.

그러나 우리는 먼 곳까지 무익하게 다녀왔다고 생각하지 않는다. 늙어서 할 수 없다는 우리에게 한 줄기 빛을 비쳐주어 다시 소생하는 힘을 얻고 여행을 무사히 다녀왔기 때문이다.

우리의 겉사람은 낡아지나 우리의 속사람은 날로 새로워진다.

성령의 전

　나는 가끔 주변으로부터 건강의 비결이 무엇이냐는 질문을 잘 받는다. 건강하게 보이는 모양이다. 한 번은 한국장로신문에 〈우리는 장수부부, 건강하게 삽시다.〉라는 코너가 있는데, 그 코너를 맡은 기자가 인터뷰를 하지고 해서 그곳에 82세, 83세 부부로 소개된 일도 있다. 아침은 무얼 먹느냐? 무슨 운동을 하느냐? 이런 질문이었다. 사실 나는 건강을 별로 생각하지 않고 사는 편이어서 아내가 하라는 대로 하고 살고 있다고 대답했다. 아침 식사는 채소를 주로 먹는데 브로콜리, 당근, 파프리카, 삶은 계란, 고구마, 바나나, 쑥개떡, 두유… 등 아내가 차려놓은 음식을 먹는데, 아내는 내게 이런 음식을 다 먹게 하려고 내 몫을 담은 접시를 따로 준다. 그래서 나는 책임량을 다 먹고 있으며 또 각종 영양제도 요일제로 칸을 만들어 나누어 넣은 것을 빠짐없이 먹는다고 대답했다. 병원에서 약 처방을 받고 약국에 가면 그곳에는 영양사가 앉아서 복용하는 약에 대한 상담을 해 주고 있다. 나더러 무슨 약을 복용하느냐고 물어서 아내가 주는 약을 한 움큼씩 먹는다고 했더니 그 이름을 다 대주어야 조화 있게 약을 먹고 있는지 상담해 준다고 했다. 그도 옳은 말이다. 우리나라 사람들은 광고를 보고 약을 과용하는 일이 많기 때문이다. 장수를 원하는 독자에게는 내가 복용하는 약도 다 일러 주었어야 맞는다는 생각도 든다. 뒤늦게 아내에게 그 말을 했더니 아내는 이제 다 살았으니 상관하지 말고 먹어두라고 한다.

운동은 아파트 주변을 삼사십 분 정도 걷는데 산책길에 나오면 소음도 적고 공기도 맑아 산책하는 동안 하루 내내 머릿속을 맴돌던 여러 가지 생각들을 체계 있게 정리하고 아침에 눈에 띄었던 성경 말씀도 묵상하게 되어 이것은 내가 하는 가장 기쁜 일이라고 말하기도 했다.

이것이 정말 건강의 비결이었다면 TV로 건강상식이 풍부해진 아내의 말을 잘 들은 것과 30년이나 기거한 낡은 아파트에 있다가 우연히 아파트 모델하우스를 보러 갔다가 하나

우리의 아침 식사, 단호박 죽, 두유, 토마토, 파프리카 등

님의 섭리로 도시를 벗어난 시골 아파트로 옮긴 탓이라 할 수 있

다. 그런데 내가 인터뷰를 하고 난 뒤 생각한 것은 왜 모든 국민이 건강에 관심이 많으며 그렇게 오래 살려고 기를 쓰느냐는 것이다. 병원에 아픈 분을 심방하면 목에 호스를 끼고 음식을 삼키게 하며 몸도 왜소해져서 무덤에 가기 직전인 사람들이 있는데 요양원에서는 최선을 다해 생명을 연장시키려 하며, 가족들도 말도 못하지만 죽는 것보다는 그렇게라도 살고 있으면 좋다고, 매우 인도적인 생각들을 하고 있다는 것이다. 통계청에 의하면 2030년에는 태어나는 어린애보다 65세 이상의 노인 인구가 2배 이상이 된다는데 요양원에서는 인공호흡기를 끼우고라도 노인들을 오래 살려 놓으려 하니 앞으로 이 사회는 어떻게 될지 오래 사는 사람 홍보할 때가 아니라고 생각된다. 이러다가는 나도 결국 인공호흡기 끼는 신세가 되는 것이 아닐까 하고 두려워져서 잘 사는 것보다 잘 죽는 법을 생각해야 하지 않을까 생각을 하게 된다.

오후 산책을 하면서 아침에 읽은 성경 말씀을 생각했다. "너희 몸은 성령의 전인 줄을 알지 못하느냐?"라는 구절이다. 정말 내 몸이 성령이 들어와서 평안하게 살 수 있는 처소가 되고 있는 것일까 하는 생각을 해 본다. 청년 때는 담배를 너무 많이 피우고 술을 적지 않게 마셔서 성령이 괴로웠을 것이다. 또 중년기에는 내 탐욕으로 성령을 거슬러 살았기 때문에 내 의지를 꺾지 못하고 참고 사느라 성령이 힘들었을 것이다. 늙어서도 야망 찬 후배들에게 '예'와 '아니오'를 제대로 가르치지 못하고 덕담으로 위기를 피하는 나를 보고 안타까워하고 있을 것이다. 죽기까지 나는 성령의 전을 그분이 살기에 평안한 곳으로 만들지 못하고 끝날 것이라는 생각을 한다. 하나님 보좌 앞에서 중보하고 계시는 어린 양 예수님이 서 계시지 않는다면 나는 살 용기를 잃을 것이다. 내 몸의 건강은 영의 건강에 있다고 생각한다.

너희 몸은 너희 가운데 계신 성령의 전인 줄을 알지 못하느냐

면류관

　면류관이란 사전에 의하면 임금 또는 대부 이상의 귀인이 조의(朝儀)나 제례(祭禮) 때 입은 정복에 갖추어 쓰던 관으로 위에는 장방형의 판이 있으며 판 옆으로 끈을 늘이며 주옥을 꿰었는데 임금은 열두 개, 제후는 아홉 개, 상대부(上大夫)는 일곱 개, 하대부(下大夫)는 다섯 개의 유(旒)를 달았다고 되어 있다. 그러나 이것은 동양 풍속이고 서양에서 면류관이라 하면 전제군주가 왕위를 물려받은 때 교황으로부터 기름 부음을 받고 받들어 쓰는 관을 말하는 것이었다. 어떻든 면류관은 위로부터 귀한 직분을 하사 받았을 때 쓰는 관을 일컫는 말이다.

　성경에는 면류관이라는 말이 많이 나온다. 그래서 분류하기를 좋아하는 사람은 면류관은 아홉 종류가 있는데 썩지 않은 면류관, 의의 면류관, 생명의 면류관, 영광의 면류관, 기쁨의 면류관, 금 면류관, 자랑의 면류관, 승리의 면류관, 인자와 긍휼의 면류관 등이 있다고 말한다. 이 면류관은 기독교 신자들의 지대한 관심사인데 성도들은 다 죽어서 천국에 가면 이 예비된 면류관을 쓰는 영광을 얻게 되기 때문이다. 어떤 사람은 태어날 때도 부유하게 태어나서 호화롭게 살며 영화를 누리다가 죽을 때도 편히 죽는데 어떤 사람은 불행의 연속이며 핍박 받고 저주 받은 삶을 살다 고생과 수고 속에 죽어야 된다. 그러나 후자에 속한 기독교인들이 이 모든 것을 참고 견디며 이웃을 돕다 죽는 것은 죽어 천국에 가서 하나님께서 주시는 면류관을 쓰고 천국의 유업을 받고 영원한 복락 속에 살 수 있다는 소망 때문이다.

바울은 로마의 운동경기를 많이 보아온 탓인지 믿는 자들의 신앙생활은 운동장에서 달음질하는 사람과 같다고 했다. "모두가 달려도 상 받는 자는 하나뿐이다. 그러므로 절제하고 향방 없이 달리지 말고 오직 한 목표를 향해 달려라. 너희에게는 상이 있다."라고 바울은 말하고 있다. 기독교인들에게는 그것이 하나님께서 예비한 면류관이며 이생의 고통을 보상하는 표적이다. 순종한 자에게 주는 '썩지 않는 면류관', 신앙의 지조를 끝까지 지킨 자에게 주는 '의의 면류관', 고통과 시험을 이긴 자에게 주는 '생명의 면류관', 전도를 잘한 사람에게 주는 '기쁨의 면류관' 등이다. 그런데 천당이 없다거나 자기에게 주어질 면류관이 없다고 한다면 기독교인들은 어떻게 고난의 삶을 참고 오늘을 살 수가 있겠는가?

바울은 믿음의 거장이다. 그는 어떤 면류관을 바라고 살았을까? 정말 그에게는 하나님께서 아홉 가지 중 가장 값진 면류관을 예비

했다가 씌워 주었을 것이다. 그는 구원의 복음을 전하기 위해 올인했다. 믿음의 경주를 완주하고 상을 받을 만한 사람이다. 그런데 나는 상 받을 만큼 신앙생활을 잘 해 온 것일까를 생각한다. 경주를 예비하는 합숙훈련자처럼 절제하지도 않았다. 내 신앙생활은 세상의 유혹에 빠져 경건에는 훨씬 못 미친 삶을 살아왔다. 시험에 빠질 때마다 매달려 기도하지 못하고 향방 없이 허공을 치며 방황했고 하나님을 원망했다. 그런 내가 어떻게 자신의 명예만을 생각하며 면류관을 천국의 기업으로 바랄 수가 있겠는가?

바울이 받고 싶었던 면류관은 어떤 것이었을까? 그는 하나님이 예비하신 또 이생에서 자신의 고생을 보상하는 화려한 금 면류관이 아니었다. 에베소서 2장 19절을 보면 그는 '다시 오실 예수님 앞에서 내가 전도한 여러분이 내 기쁨이요 면류관'이라고 말하고 있다. 마지막 날 자기가 애써 얻은 구원의 열매가 주 앞에 서 있는 것을 보면 바로 그것이 자기가 받는 면류관이라고 말하고 있다.

천국에서 내 자랑의 면류관은
예수님의 가시면류관에 동참했을 때 얻은 열매이다.

초청

삭개오는 유대인으로 압제자인 로마제국의 세입행정에 종사하는 세리장이었다. 그는 자기 민족을 로마인이 영속적으로 지배하는 데 일익을 담당했을 뿐 아니라 로마제국의 공권력을 이용하여 부당하게 자기 민족에게 세금을 부과하기도 하고, 착취하기도 하고, 부를 축적하기도 한 '허가된 도둑'이라는 누명을 쓰고 있었다. 그러나 로마 정부에서는 멸시를 당하고 자기 민족으로부터도 죄인 취급을 당해 삭개오는 내적인 갈등을 많이 겪고 있는 사람이었다고 생각된다. 따라서 그는 내적 갈등으로부터 해방되고 싶은 영적 갈증으로 예수를 보고 싶었던 것 같다. 얼마 전에도 자기가 기거하는 여리고 근처에서 예수님은 앞 못 보는 맹인을 고쳤는데 그는 자기의 어두운 현실도 밝게 바꾸어줄지도 모른다고 생각한 것 같다. 하지만 그는 키가 작고 사람이 많아 볼 수가 없을 것 같아 돌무화과나무에 올라갔다. 세리장이란 사회적 권위를 다 내려놓고 올라간 것은 그만큼 생수에 대한 갈증이 심했기 때문일 것이다. 진정한 권위는 스스로 자기를 낮추는 겸손에서 시작된다고 본다. 그런데 지나가시던 예수님이 그를 쳐다보시고 "삭개오야, 어서 내려오라." 고 그를 부르신 것이다. 예수님은 천한 삭개오를 친히 초대하셨다.

예수님이 어떻게 그의 이름을 아셨을까 하고 그의 전지전능하신 신적 전지성을 의심할 것은 없다. 인간의 이성으로 이해하고 싶으면 그의 악명이 근동에 너무 자자해서 이를 듣고 그를 알고 계셨으며 죄인을 찾으러 오신 그분이 그에 대해 특별히 관심을 가졌을 것이라고 추측해도 된다. 그러나 중요한 점은 삭개오가 찾아간 것이 아니고 예수님께서 먼저 그를 부르셔서 그를 초청하셨다는 것이다. 삭개오라는 이름의 뜻(순수한 자)처럼 그는 퍽 순수했던 사람 같다.

지금도 나는 가끔 예수님께서는 우리 이름을 알고 불러 주시고 우리를 구원의 잔치에 초청해 주시는 것일까? 하고 생각한다. "나는 하나님의 음성을 한 번도 들은 일이 없다."라고 말하는 사람이 있다. 그러나 누군가가 "성경공부를 하러 가자."고 말했다면 그것은 친구를 통해 예수님께서 그를 부르신 것이라고 생각한다. 왜 삭개오처럼 초청에 바로 응하지 않은 것일까? 예수님이 오시기 전까지는 제사장을 통해, 선지자를 통해, 예언자를 통해 하나님과 화해하고, 말씀을 듣고, 또 계시를 받기도 했다. 그러나 예수님이 오신 이후는 신약성경이 완성되고, 모든 하나님의 비밀은 이곳에 봉해 졌다. 말씀 외에 다른 계시가 있을 수 없다. 말씀 묵상을 통해 우리는 하늘나라의 비밀을 깨닫고 그분의 계시를 보고 그분을 만날 수 있다. 그런데 우리는 성경의 말씀 없이 교회 마당만 밟고 다닌다. 지금은 교회에서 서로 만나고, 교제하고 성도들의 결혼·장례에 참석하고 함께 먹고 행사에 참여하는 것이 전부가 되었다. 그들에게는 돌무화과나무에 올라간 삭개오의 열심이 없다. 하늘나라 잔치에 초청을 받고도 밭을 샀다, 소를 시험해야 하다, 장가를 갔다는 핑계로 성경을 묵상하지 않은 것과 마찬가지가 된 것이다. 교회는 계속해서 세속화되어 가고 있다.

나는 하나님이 어떻게 삭개오의 이름을 알았을까? 내 이름도 알고 계실까? 언제 나를 부르고 계시는가를 생각하며 성경을 상고한다. 이는 내 삶에 간섭하시는 주님과의 교제 없이는 성경을 읽는 즐거움이 없기 때문이다.

매일 아침 나는 기도 전 인터넷을 통해 '생명의 말씀'을 읽고 그 해석을 읽는다. 또 RBC(Radio Bible Class)에서 배포하는 'Our Daily Bread'를 통해 삶을 통한 말씀의 간증을 읽고 명상한다. 1838년 미시건의 작은 집 지하에서 리처드 드한(Rev. Richard Dehaan)이 성경공부를 하고 방송하던 것이 지금은 직원 600명을 거느린 말씀 사역의 장이 되었다. 이와 같은 매체를 통해 예수님과 교제할 때 주님은 매 순간 나와 교제하며 나를 불러 주신다고 생각한다.

"삭개오야, 어서 내려오너라. 오늘은 내가 네 집에서 묵어야 하겠다."

천 원짜리와 자존심 대결

나아만은 아람왕의 군대 장관으로 왕 앞에 크고 존귀한 용사로 왕의 총애뿐 아니라 모든 국민들의 존경을 받고 있는 사람이었다. 그러나 그는 나병환자였는데 어떻게 해서 나병으로부터 깨끗함을 받았는가?

그는 이스라엘에서 노예로 데려온 계집종이 사마리아에 있는 선지자 엘리사에게 가면 병을 나을 수 있다고 읊조리는 말을 듣고 적국인 사마리아로 가기로 결심한 사람이다. 한 나라의 장군이 자기 집 하녀의 말을 믿고 왕에게 허락을 받아 먼 나라까지 가는 일은 쉬운 일이 아니다. 나병이 너무 중했기 때문에 모든 자존심을 내려 놓을 생각을 한 것 같다. 그런데 사마리아 땅에 가자 선지자 엘리사는 그를 맞아 주지도 않고 요단강에 몸을 일곱 번 씻으라고 사환을 시켜 말했다. 이것은 그에게 견딜 수 없는 모욕이었다. 그러나 그는 자존심을 내려놓고 수행한 종들의 말을 따라 요단강 물에 몸을 일곱 번 씻어 선지자 엘리사의 말을 순종했더니 나병에서 나음을 받은 것이다. 나아만은 자기의 자존심과 체면을 버리고 어린 계집종과 부하직원의 말을 따랐을 뿐 아니라 선지자의 무례함까지 참았다는 것은 어려운 결단이었다고 생각한다.

　우리나라는 경로사상을 고취해서 65세가 넘으면 으레 존경 받는 것으로 알고 있다. 나는 나아만 장군 같은 존귀한 자리에 있어 보지 못했지만 전국 각지에서 나이를 먹었다고 존경을 받고 있으며 좌석도 양보해 받고 전철도 무료로 타고 경로잔치에 초대를 받는 일에 익숙해진 상태다. 그런데 얼마 전 산책을 하다가 길 곁 동사무소에 들렀다가 좀 황당한 일을 당했다. 시골 선산을 관리하기 위한 극히 작은 농토가 있었는데 이것을 처분하면 어떨까 해서 토지대장을 떼보고 싶다는 생각을 하게 되었다. 동사무소에 들러 토지대장을 떼어 볼 수 있느냐고 물었다. 한 직원이 고갯짓으로 밖에 나가면 '무인민원 발급기'가 있는데 거기서 발급 받을 수가 있다는 것이었다. 여러 가지 수속을 할 필요 없이 쉽게 발급 받을 수 있는 신기한 기계를 발견하여 참 세상도 좋아졌다는 생각을 하며 밖에 나와서 시작 단추를 누르고 초기화면에서 토지대장을 클

무인민원 발급기

럭했더니 요금 천 원을 넣으라는 창이 떴다. 나는 호주머니를 뒤졌더니 천 원도 없었다. 그러나 그것은 너무 사소한 돈이어서 직원에게 돈을 안 가져왔는데 좀 빌려줄 수 없느냐고 물었다. 그러자 그 직원은 가까우면 집에 갔다 오고 아니면 다음날 와서 발급받으라고 퉁명스럽게 말했다. 나는 손녀 같은 애에게 거절당해 심한 모욕감을 느꼈지만 그래도 일을 마치고 싶어 차용증이라도 써줄 테니 천 원 좀 빌려 달라고 했다. 노숙자에게도 줄만한 돈인데 좀 빌려줄 수 없겠느냐는 생각에서였다. 차용증은 필요 없다고 천 원 지폐 한 장을 주는데 거지가 된 것처럼 처량한 기분이었다. 경로라고 무조건 존경 받는다는 생각을 하고 헛된 자만심을 갖고 살면 상처받는 일이 많겠다는 생각을 하며 아내에게 그 이야기를 했다. 다음날 아침에 그 돈을 돌려주러 가야겠다고 집을 나서는데 아내는 그 직원이 못됐다면서 책상 위에 돈을 땅 소리가 나게 내려놓고 오라는 것이었다. 나아만 장군처럼 용맹을 떨쳐서 가진 명예도 아닌데 나이만 들었다고 대접 못 받아 분개할 일은 아니라고 생각하며 봉투에 천 원을 넣어서 가지고 갔다. 그러나 나는 가서 땅 소리 나게 그 봉투를 내려놓지도 못하고 고맙다고 말하며 친절히 흰 봉투를 전하고 돌아섰다. 나는 나아만 장군처럼 명성 있는 사람도 아니며 겨우 나이를 더 먹었다는 것뿐인데 나이 어린 사람들에게 존경 받을 생각을 하면 되겠느냐고 자신에게 말했다. 그들은 자기의 잘못도 아닌데 이 세대에 태어나서 갑자기 노인들이 건강하게 오래 살게 되자, 부양의무가 늘어난 불쌍한 세대들이 아닌가?

지금은 천 원짜리로 노인의 자존심을 상하게 했다고 그 소녀와 자존심 대결을 할 때가 아니라고 생각했다. 더구나 담뱃대를 물고 삼강오륜을 가르칠 때가 아니며 오히려 노인들이 젊은이들에게 미안하다고 말할 때라는 생각을 하며 돌아섰다.

노인의 설 자리는 어디인가?

말이 없는 자연

　도심을 떠나 시골의 자연에 안기면 먼저 소음이 사라진다. 경쟁하는 광고판도 안 보인다. 그런 자연의 나무 사이에 앉아 있으면 어떤 신비한 음성이 들리는 것 같고 지구가 돌아가는 소리도 들리는 것 같다. 다윗은 그런 신비한 체험을 한 것일까? 하나님은 빛을 창조하시고 빛과 어둠을 나누었는데 하늘이 하나님의 영광을 선포하고, 창공이 그 놀라운 솜씨를 나타내는데, 낮이 이 사실을 낮에게 말하고 밤도 이 사실을 밤에게 전한다고 그는 노래한다. 이 노래를 자연 가운데서 듣고 있는 불신자가 있다면 그는 창조주 하나님을 보이라고 떼를 쓰지는 않을 것 같다.

　이번에 나는 '제2회 세종 산야초 힐링축제'에 다녀왔다. 자연을 가까이 하기 위해서였다. 운주산 기슭에서 자라는 하얀 민들레, 엉겅퀴, 와송, 곰보배추, 자색돼지감자, 수퍼여주 등 각종 산야초를 내놓고 팔고 있었다. 이 힐링축제는 자연식에 길들여졌던 우리가 갑자기 육류와 기름진 서양 음식으로 식습관이 바뀌어져 건강이 나빠졌기 때문에 자연 선호적인 옛날 음식 습관으로 되돌아가자는 운동의 일환으로 만든 축제인 것 같다. 하나님께서 아담에게 말씀하시되 "네가 먹을 것은 밭의 채소(창3:18)"라고 말했는데 우리는 단 것과 기름진 고기와 밀가루 음식과 카페인을 더 좋아하게 되었다. 다니엘은 바벨론 왕의 음식을 거부하고 채식을 고집하여 아름다운 용모를 유지했음을 잊은 것이다.

내가 이곳에 와서 또 놀란 것은 이 산야초들이 많이 자라고 있는 운주산 기슭의 '뒤웅박 고을'에 장류(醬類)동산 테마공원이 만들어져 있다는 것이다. 지금도 간장, 된장 등 장류 독이 수백 개가 놓여 있는 뜰이 있는데 그곳에 한국의 한 어머니가 평생을 장독대를 어루만지며 정화수를 떠서 정성을 다하여 빌며 온 가족과 이웃들의 먹거리인 장을 담그고 된장을 담가서 섬겨 왔다고 한다. 지금은 그분의 아들 손동욱 씨와 그곳 임직원 일동이 어머니가 아들처럼 아껴서 쓰던 장독을 그대로 유지하고 가꾸면서 그 솜씨를 이어받아 거기서 나오는 간장과 된장을 사용하여 동산의 중턱에 세운 식당 장향관(醬鄕館)에서 음식을 만들어 홍보하고 있다. 손동욱 씨는 1985년 7월 15일에 이 장류동산을 세우게 되었다고 회고하고 있다. 어머니를 사모하는 마음이 산마루에서 장향관이 있는 곳으로 올라가는 길에 세운 조각마다 묻어나는 것 같았다. 이 동물 조각들은 십이지석으로 각각 십이지를 상징하는 동물과 이에 걸맞은 시

늙지 마시라/ 더 늙지 마시라, 어머니여/…너 기어이
가야 한다면/어머니 앞으로 흐르는 세월을/나에게 다
오/내 어머니 몫까지/한 해에 두 살씩 먹으리/…

를 바위에 새겨 새워 놓고 있다. 장류동산 테마공원을 다 돌아 장
향관에서 박물관을 지나서 주차장 쪽으로 가면 그 끄트머리에 한
바위돌이 있는데 거기에는 이북에서 2011년 10월에 작고한 동생
오영재의 시가 새겨져 있다. 이는 동생이 어머니를 사모하며 쓴 '늙
지 마시라'는 시였는데 2000년 제1차 남북 이산가족 만남으로 한
국을 방문했을 때는 그렇게 그리던 어머니는 5년 전에 작고하고 안
계실 때였다. 그러나 그의 시가 지금 바위 시비에 새겨져 땅위에
솟아 있는 것을 보고 너무 놀랐다. 손동욱 씨가 자기 어머니를 그
리며 마음으로 외쳐 어머니를 부르던 소리가 땅 속을 맴돌아 그곳
에서 어머니를 그리던 내 동생을 만나 그 시비를 땅에서 솟아나게
한 것이 아닌가 하는 착각을 했기 때문이다. 낮은 낮에게 말하고
밤은 밤에게 말하여 그 소리가 온 땅에 통하고 그의 말씀이 세상

끝까지 이르듯 어머니를 사모하는 한 사람의 마음은 어머니를 사모하는 또 한 사람의 마음과 통했던 것 같았다.

나는 그 장류관을 잘 찾는다. 가족 모임도 거기서 하고, 친한 친구도 초청하고, 목사님도 모시고 가고…, 그들과 함께 자연과 숨을 쉬고 싶기 때문이다. 그럴 때는 선하신 하나님도 우리와 함께 계시며 기뻐하실 것 같아서다.

낮은 낮에게 그의 말씀을 전해 주고,
밤은 밤에게 그의 지식을 알려 준다.

80평생에 선정한 10대 감사

연말이 되면 매스컴에서는 이해의 10대 뉴스를 발표한다. 나는 80을 넘기면서 내가 선정할 수 있는 10대 감사를 찾아보기로 하였다.

첫째는 내 출생에 대한 감사다. 나더러 부지런해서 굶어 죽지는 않을 것이라고 말하는 분이 많은데, 이 성품은 어머니로부터 물려받은 것이다. 어머니는 쉴 틈이 없이 일하셨다. 또 가끔 글을 재미있게 쓴다는 말도 듣는데 이것은 아버지로부터 물려받은 성품이다. 아버지는 마을 회갑 잔치의 축하는 도맡아 하고 다니셨다.

둘째는 물속에서 건짐을 받은 감사다. 초등학교 이 학년 때 홍수가 길 위를 덮친 등굣길을 걷다가 익사할 뻔했는데 냇가의 가시나무에 걸린 모자를 보고 구원을 받았다. 같이 걷던 어른이 건져준 것이다.

셋째는 불 속에서 지켜주신 감사다. 중학교 때 전신주에서 감전되어 죽을 뻔했는데 하나님께서 그 순간에 정전이 되게 하여 나를 땅에 떨어뜨려 살려 주신 것이다.

넷째는 착하고 귀한 아내를 맞게 한 것에 대한 감사다. 신춘문예에 당선된 축하금으로 사준 반지 하나를 예물로 주고 구차한 셋방에 살며 신혼여행을 못 갔어도 부끄러움을 모르고 내가 기독교인이 되기만을 기도했던 아내다.

다섯째는 죄인인 내가 늦게라도 구원을 받은 감사다. 나는 가짜 세례증으로 기독교 학교에 취직했는데 성찬식 때 죄를 깨닫고 그해 방학 때 세례증을 만든 교회에 찾아가 회개하였을 때 하나님께서는 나를 사랑하시고 내 죄를 용서하여 깨끗케 해 주시며 목사님 안방에서 나는 단독으로 세례를 받은 사람이다. 그런데 하나님께서는 여기까지 내 인생을 인도하여 주셨다.

여섯째는 귀한 자녀들을 주신 것에 대한 감사다. 어린애 셋을 거느린 대학생이었는데 지금은 늦게 얻은 막내까지 삼남 일녀가 다 미국에서 공부하고 훌륭한 직장인으로 서로 우애하고, 하나님을 찬양하며 섬기고 있다.

일곱째는 부모의 기도의 유산을 물려받은 감사다. 아버지는 내가 미국에서 학위과정을 하고 있을 때 돌아가셨다. 그러나 중도에 공부를 마치지 않게 하기 위해 사망 소식을 알리지도 못하게 하시고 내 성공만을 기원하고 가신 분이다.

여덟째는 내게 교만하지 않게 가시를 주신 감사다. 동생이 6·25 전쟁 때 월북하여 우리는 이산가족이 되었다. 그래서 그 동생이 이북에서 계관시인으로 활동하고 있어서 숨죽이며 살아야 했다. 그런데 연좌제에도 불구하고 직장을 갖고 살 수 있도록 하나님께서 은혜를 베푸신 것이다.

아홉째는 이른 비와 늦은 비로 시절 따라 열매를 맺게 하신 것에 대한 감사다. 필요한 때 직장을 주시고, 유학할 기회를 주시고, 기독교 학교에서 섬기게 하시고, 은퇴 후에는 잊힌 작가였는데, 다시 작품 활동을 하도록 많은 분들이 길을 열어주셨다.

열 번째는 하나님의 은혜를 알게 하심에 대한 가장 귀한 감사다. 내가 세상의 영을 받고 있을 때는 운이 좋았다는 생각을 하고 살았는데, 하나님의 영을 받은 뒤로는 하나님께서 저에게 은혜로 주신 것들이 무엇인지를 깨닫고 살게 된 것이다. 35년 가까이를 학교에서, 교회에서 꾸준히 성경공부를 하며 서로 은혜를 나누고 살게 하셨다.

감사는 감사를 낳는다.